W0077814

John T. Baldwin | L.James Gibson | Jerry D. Thomas

unfassbar!

EXISTIERT MEHR ALS WIR SEHEN?

ADVENT-VERLAG Lüneburg
ADVENT-VERLAG Zürich
TOP LIFE Wegweiser-Verlag Wien

Originaltitel: *Beyond Imagination. Is there more to life than we know?*
© 2013 Pacific Press Publishing Association, Nampa, Idaho (USA)

Projektleitung und Lektorat: Werner E. Lange
Übersetzung: Dr. Wilfried Müller
Korrektorat: Erika Schultz, Ellen Koschizke, Elí Diez-Prida
Gestaltung: © VISIONARY VANGUARD, www.visionaryvanguard.de
Titelbild: © VISIONARY VANGUARD (Compositing); iStockphoto
Gesamtherstellung: Thiele & Schwarz GmbH, Kassel
Quellennachweis der Abbildungen: siehe letzte Seite

Die Bibelzitate sind – falls nichts anderes vermerkt ist –
der Gute Nachricht Bibel, revidierte Fassung, entnommen.
Durchgesehene Ausgabe in neuer Rechtschreibung,
© 2000 Deutsche Bibelgesellschaft, Stuttgart; herausgegeben
zusammen mit dem Katholischen Bibelwerk, Stuttgart.
Ansonsten bedeuten:

LB   =   Die Bibel nach der Übersetzung Martin Luthers
         (revidierter Text 1984), durchgesehene Ausgabe
         in neuer Rechtschreibung,
         © 1999 Deutsche Bibelgesellschaft, Stuttgart.

NLB =   Neues Leben. Die Bibel, © 2002, 2005 SCM Hänssler
         im SCM-Verlag GmbH & Co. KG, Holzgerlingen.
         Originaltitel: Holy Bible, New Living Translation,
         © 1996, 2004, 2007 Tyndale House Publishers Inc.,
         Wheaton, Illinois, USA.

© 2014 Saatkorn-Verlag GmbH, Abt. Advent-Verlag
Pulverweg 6, 21337 Lüneburg, www.advent-verlag.de

ISBN: 978-3-8150-7719-1 (Advent-Verlag Lüneburg)
ISBN: 978-3-905008-95-1 (Advent-Verlag Zürich)
ISBN: 978-3-900160-96-8 (TOP LIFE Wegweiser-Verlag Wien)

Jenseits

unserer
Vorstellung

1 Wenn Sie in einer klaren Nacht in den Himmel blicken, wie weit können Sie dann sehen? Und was sehen Sie? Haben Sie jemals die Milchstraße entdeckt? Wenn Sie weit genug von den Lichtern einer Stadt entfernt sind, können Sie in dunklen Nächten ohne Mondschein ein breites helles Band sehen, das sich über den Himmel erstreckt. Dabei blicken Sie in Richtung des Zentrums unserer Galaxie; die Sterne scheinen so dicht beieinander zu stehen, dass sie in ihrer Gesamtheit einen milchig weißen Lichtstreifen bilden.

Da sich unser Sonnensystem um einen lichtschwachen Stern in einem der Spiralarme unserer Galaxie dreht, sind wir von ihrem Zentrum sehr weit entfernt. Wir befinden uns in einem Außenbezirk unserer Galaxie – ein winziger Leuchtpunkt in einem „Meer" von etwa 200 Milliarden Sternen.

Von ihnen können wir ohne Hilfsmittel selbst in dunkelster Nacht und bei sehr klarem Himmel nur etwa 3000 auf einmal sehen. Insgesamt sind weniger als 9000 Sterne mit bloßem Auge von der Erde aus zu erkennen; sie befinden sich alle in unserer Milchstraße, also in unserer „Nähe".

Im Mittelalter dachte man, dass unsere Erde das Zentrum des Universums bildet und sich die Sonne und alle Sterne um die Erde drehen. Aber nach der Entwicklung des Fernrohres wurde bald klar, dass dem nicht so ist. Und jedes Mal, wenn ein noch stärkeres Teleskop zur Verfügung stand, erkannte man, dass das Weltall noch größer ist, als man bis dahin angenommen hatte. Wir Menschen entdeckten ein Universum, das so groß ist, dass nicht nur unsere Sonne, sondern auch unsere gesamte Galaxie winzige Lichtpunkte sind – kaum der Erwähnung wert.

Wie groß ist das Universum?

Größer als wir denken. Und größer als wir es uns vorstellen können! Lassen Sie uns in Gedanken mal etwas mit den Zahlen spielen.

Wie weit sind Sie im vergangenen Jahr gereist? 5000 Kilometer oder gar 50 000? Geschäftsleute, die regelmäßig mit dem Flugzeug unterwegs sind, legen in einem Jahr vielleicht 150 000 Kilometer zurück oder noch mehr.

Wir haben keine Mühe, den Mond zu erkennen, wenn wir in den Nachthimmel schauen; er ist nur 384 000 Kilometer von uns entfernt. Auch die Sonne können wir sehen; sie scheint am Himmel zwar ungefähr so groß zu sein wie der Mond, aber das täuscht. In Wirklichkeit ist sie nur viel weiter entfernt, nämlich 149,6 Millionen Kilometer. Sie ist so weit von uns entfernt, dass das Sonnenlicht mehr als acht Minuten braucht, um die Erde zu erreichen!

Und wie groß ist die Sonne? Ungefähr eine Million Planeten von der Größe unserer Erde würden in sie hineinpassen. Wenn die Erde so groß wäre wie eine 1-Euro-Münze (23,25 mm), hätte die Sonne die Ausmaße eines Ballons mit einem Durchmesser von etwa 2,54 Metern (1 Sonnenradius entspricht 109 Erdradien). Sie ist größer, als wir es uns vorstellen können!

Der Orion

Aber sie ist noch längst nicht der größte Himmelskörper. Haben Sie schon einmal bewusst den Orion angesehen, jenes Sternbild, das einen mythischen Himmelsjäger darstellen soll? Seine linke Schulter wird markiert durch den hellen Stern Beteigeuze, ein sogenannter roter Überriese. Würde er den Platz unserer Sonne einnehmen, würde er nicht in den großen Kreis hineinpassen, den die Erde um die fast 150 Millionen Kilometer entfernte Sonne zieht: er wäre etwa dreimal so groß.

Einer der größten bekannten Sterne ist der VY Canis Majoris. Wäre die Erde so groß wie eine 1-Euro-Münze und die Sonne so groß wie ein Ballon mit einem Durchmesser von 2,54 Metern, dann hätte VY Canis Majoris einen Durchmesser von etwa 3300 bis 3900 Metern (man ist sich über seine Größe nicht sicher)!

Und wie weit wäre in unserem Modell die Sonne von der Erde entfernt? Der Abstand der Münze vom Ballon würde etwa 273 Meter betragen. Und wäre unser gesamtes Sonnensystem – also die Sonne und ihre acht Planeten – so groß wie eine 1-Euro-Münze, dann könnte man sie nur mithilfe eines Mikroskops sehen und der nächste Stern (Proxima Centauri) wäre etwa 100 Meter entfernt (in Wirklichkeit 4,22 Lichtjahre). Selbst wenn man mit Lichtgeschwindigkeit reisen, also fast 300 000 Kilometer pro Sekunde (!) zurücklegen könnte, würde man über 100 000 Jahre brauchen, um unsere Galaxie zu durchqueren!

Und wenn die gesamte Milchstraße mit ihren etwa 200 Milliarden Sternen so groß wie eine 1-Euro-Münze wäre, könnte man unser Sonnensystem selbst unter einem normalen Mikroskop nicht mehr sehen, und die anderen Galaxien wären zwischen circa 60 Zentimetern (der Andromeda-Nebel 2,5 Millionen Lichtjahre) und mehr als einem Kilometer von uns entfernt!

So viele Galaxien und Sterne!

Wie viele Galaxien gibt es? Als die Astronomen immer tiefer in den Weltraum hineinsehen wollten, richteten sie das Hubble-Weltraumteleskop auf ein leeres Feld, in dem weder Sterne noch Galaxien noch irgendetwas anderes zu sehen waren. Elf Tage lang richteten sie das Teleskop

Die Whirlpool-Galaxie

Das Hubble-Teleskop

darauf. Die Auswertung der Daten ergab, dass sich in diesem winzigen Fleck am Himmel – nicht größer als drei Prozent der Fläche des Vollmondes – mehr als 10 000 Galaxien befanden – nicht Sterne, sondern ganze Galaxien, wobei jede von ihnen aus Milliarden Sternen besteht!

Als sie das Hubble-Teleskop 23 Tage lang auf diese Region richteten, sahen sie fast doppelt so viele Galaxien. Auf der Grundlage dieser Ergebnisse schätzen Astronomen, dass heute mindestens 175 Milliarden Galaxien von der Erde aus sichtbar gemacht werden können.

Wie viele Sterne sind das? Wenn man die etwa 200 Milliarden Sterne unserer Galaxie als einen Durchschnittswert für alle Galaxien im Weltall nimmt, wären es 35 Trilliarden (35 000 000 000 000 000 000 000) Sterne.

Wenn Sie versuchen wollen, sich unter dieser Zahl etwas Konkretes vorzustellen, nehmen Sie, wenn Sie das nächste Mal an einem Strand sind, eine Hand voll Sand. Vorausgesetzt die Schätzungen der Astronomen sind richtig, dann gibt es im Universum mehr Sterne als Sandkörner an sämtlichen Stränden der Welt zusammen. Die Menge der Sterne, die Sie am nächtlichen Himmel sehen können, ist vergleichbar mit einer Hand voll Sand.

Wir wissen heute, dass die Erde nicht im Zentrum des Universums steht. Aber viele Jahre lang haben wir uns gefragt, ob sie ein einzigartiger Planet im Universum ist.

Erst vor kurzem hat man herausgefunden, dass es in den meisten Sternensystemen Planeten gibt. Allein in unserer Galaxie – so wird inzwischen geschätzt – gibt es 100 Milliarden Planeten.* Auf wie vielen von diesen Planeten mag es Pflanzen oder gar Wesen irgendeiner Art geben? Noch wissen wir es nicht. Könnte es auf einem anderen Planeten intelligentes Leben geben? Das ist die große Frage, die sich Astronomen heute stellen.

Die Wunder des Universums sind für uns unfassbar! Und dabei haben wir noch nicht einmal über die Nebel, Quasare und schwarzen Löcher gesprochen oder über eines der vielen anderen faszinierenden Objekte in unserem Universum.

Kann das alles wirklich zufällig entstanden sein?

Eine Entdeckungsreise

Es geht aber nicht nur um das Universum. Da sind auch die erstaunlichen Wunder des Lebens, denen wir hier auf der Erde begegnen, zum Beispiel die Wunder des menschlichen Körpers. Die Anzahl der Neuronen (Nervenzellen) in unserem Gehirn ist fast so groß wie die Zahl der Sterne in unserer Galaxie!

In diesem Buch werden wir nicht nur das Leben betrachten, das uns umgibt, sondern auch das Wunder unserer eigenen Existenz. Manche sind zwar überzeugt, dass Wissenschaftler alle unsere Fragen beantworten können, aber viele empfinden eine Leere in ihrem Herzen, die die Wissenschaft nicht füllen kann.

Seit Beginn unserer Geschichte haben wir Menschen mit den großen Fragen des Lebens gerungen: Warum sind wir hier? Wohin gehen wir? Was geschieht mit uns,

* www.jpl.nasa.gov/news/news.php?release=2013-002

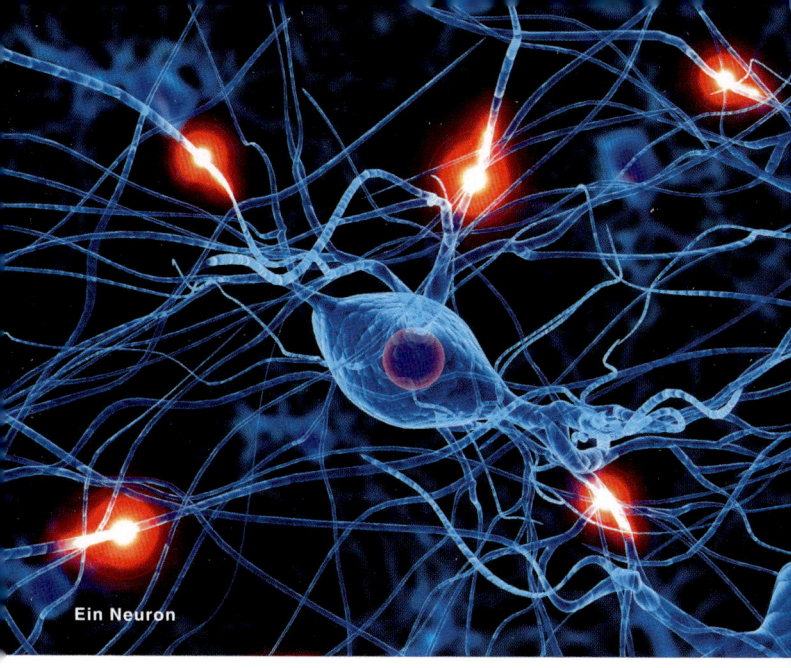

Ein Neuron

wenn wir sterben? Warum gibt es so viel Böses und so viel Leid auf der Welt?

Die Naturwissenschaft stellt solche Fragen nicht und findet deshalb auch keine Antworten auf die tiefsten Sehnsüchte des menschlichen Herzens. Das heißt aber nicht, dass es keine Antworten auf diese Fragen gibt.

Wir laden Sie zu einer Entdeckungsreise ein, auf der wir die Wunder betrachten, die uns umgeben. Und wir wollen die Frage erörtern, wo all diese erstaunlichen Wunder herrühren. Kommen Sie mit und entdecken Sie nicht nur Wunder des Lebens, von denen Sie bisher vielleicht noch nichts wussten, sondern auch eine unfassbar tiefe Liebe, die noch viel außergewöhnlicher ist – jenseits unserer Vorstellung.

Wie sich die Sicht des Universums veränderte

2 Im Jahr 1609 lebte in der Universitäts-
stadt Padua in Italien ein Mathematiker
und Physiker namens Galileo Galilei. Als
er hörte, dass ein holländischer Erfinder im Jahr
zuvor eine Vorrichtung entwickelt hatte, die die
Dinge näher erscheinen ließ, als sie tatsächlich
waren, war er skeptisch und bezweifelte, dass
so etwas möglich sei. Aber als Galilei erfuhr, wie
die Vorrichtung funktionierte, stellte er selbst
eine verbesserte Ausführung her. Sein „Augenglas" (wie er es nannte) schien die Dinge neun-
mal näher an den Betrachter heranzurücken
und konnte vielfache Verwendung finden. Er
bastelte weiter an dem Fernrohr, und bald hatte

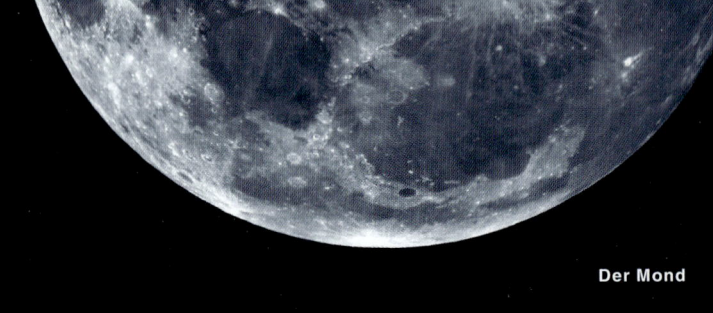

er eines mit einem 20-fachen Vergrößerungsfaktor geschaffen. Am 1. Dezember 1609 richtete Galilei es auf
den Mond. Was er sah, veränderte unsere Vorstellung
vom Universum für alle Zeiten.

Damals dachte man, dass der Mond vollkommen rund
sei und eine glatte Oberfläche habe. Aristoteles, ein Phi-
losoph der Antike, hatte gelehrt: Der Himmel ist vollkommen, nur die Erde ist unvollkommen. Zu seiner Überraschung sah Galilei nun aber, dass die Oberfläche des
Mondes uneben ist und Berge und Täler aufweist, also
„unvollkommen" ist. Das veranlasste ihn, alles, was er
über das Universum zu wissen glaubte, zu überdenken.
Galileo Galilei kam zu dem Ergebnis, dass der Sternenhimmel genauso unvollkommen ist wie die Erde.

Bei der Betrachtung des Mondes sah er noch etwas anderes, das ihn überraschte. In der Umgebung des Mondes
entdeckte er viele Sterne, die bis dahin niemand gesehen
hatte. Die Milchstraße war zwar bekannt, wurde aber für
eine Gas- oder Staubwolke gehalten. Tatsächlich besteht
die Milchstraße jedoch aus einer großen Zahl von Sternen, die so dicht beieinander liegen, dass das menschliche Auge sie nicht als einzelne Sterne wahrnehmen kann.
Galileo Galilei war der Erste, der sehen konnte, dass es
weit mehr als die 1022 Sterne gibt, die die alten Griechen
gezählt hatten.

Nur wenige Wochen später erlebte Galilei eine weitere Überraschung. Als er den Jupiter durch sein „Augenglas" betrachtete, entdeckte er kleine „Sterne" in der unmittelbaren Nähe des Planeten. Zuerst waren sie auf der einen Seite des Jupiter zu sehen, dann verschwanden sie und tauchten auf der anderen Seite wieder auf. Auch von dort verschwanden sie und erschienen wieder auf der Seite, auf der sie sich zuvor gezeigt hatten. Galilei begriff, dass sie den Jupiter umkreisen, so wie unser Mond die Erde umkreist. Anfangs zählte er nur drei, später sah er vier. Inzwischen wurden weitere Monde des Jupiter gesichtet.

Eine neue Sicht des Universums

Seit jener Dezembernacht im Jahr 1609 hat sich die Vorstellung der Menschen vom Universum drastisch verändert. Wir wissen jetzt sicher, dass Nikolaus Kopernikus Recht hatte, der bereits viele Jahre vor Galilei die Ansicht vertrat, dass die Erde keineswegs im Zentrum des Universums steht. Sie ist vielmehr nur ein kleiner Planet, der sich in einem nicht sehr großen Sonnensystem in einem Seitenarm einer Galaxie befindet, von denen es sehr viele gibt. Wir haben festgestellt, dass im Universum dieselben Naturgesetze gelten wie auf der Erde, und haben entdeckt, dass es unfassbar groß ist mit verschiedenartigen Sternen und anderen Himmelskörpern. Von den meisten

Mond des Jupiter

wissen selbst die Astronomen nur sehr wenig; sie haben gerade erst angefangen, sie besser zu verstehen.

Astronomen haben festgestellt, dass das Universum enorme Mengen von Materie und Energie enthält und präzise Strukturen aufweist: Sonnensysteme, Galaxien und Haufen von Galaxien. Und sie haben auch eindeutige Hinweise dafür gefunden, dass das Universum nicht seit Ewigkeit existiert, sondern einen Anfang hat.

Heutzutage sind wir gewohnt, dass neue Entdeckungen und neue Technologien unser Denken verändern. Aber als Galilei lebte, wurde radikal Neues nicht so einfach akzeptiert, wie sein weiteres Leben drastisch zeigte. Als er damals sein Fernrohr auf den Mond richtete, rechnete er nicht damit, dass seine Entdeckungen das Denken der Menschheit über den Sternenhimmel grundlegend verändern würden.

Ein unermesslich großes Universum

Das Universum ist noch viel, viel größer, als Galilei aufgrund seiner Entdeckungen dachte. Unsere Erde gehört zu einem Sonnensystem mit acht Planeten und vielen kleineren Objekten, die alle um die Sonne kreisen. Aber unsere Sonne ist nur einer von Trilliarden Sternen im Universum. Der Stern, der uns am nächsten steht – Proxima Centauri im Sternbild Zentaur – ist etwa 40 Billionen Kilometer von uns entfernt. Die Entfernungen im Weltraum sind so groß, dass wir sie nicht in Kilometern, sondern in Lichtjahren angeben. Ein Lichtjahr ist die Entfernung, die das Licht mit einer Geschwindigkeit von fast 300 000 Kilometern pro Sekunde in einem Jahr zurücklegt. Das Licht von Proxima Centauri braucht über vier Jahre bis zur Erde.

Wollten wir in einer Weltraumkapsel mit einer Geschwindigkeit von 30 000 Kilometern in der Stunde zum

Stern Proxima Centauri fliegen, würden wir dort niemals ankommen, weil wir über 150 000 Jahre unterwegs wären. Man kann sich diese Entfernung auch folgendermaßen vorstellen: Wenn der Punkt am Ende dieses Satzes die Größe der Erde darstellt, dann wäre Proxima Centauri ungefähr 1500 Kilometer von ihm entfernt. Zur Erinnerung: Das ist der Stern, der uns am nächsten ist; alle anderen sind noch viel weiter entfernt! Das Universum ist sehr viel größer, als selbst Galilei es sich vorstellen konnte.

Ein Universum mit unfassbarer Materie

Das Universum enthält eine unvorstellbar große Menge an Materie und Energie. Für uns besteht es aus Sternen, darüber hinaus enthält es aber vieles, das für uns unsichtbar ist. Wie schon gesagt, wissen wir nicht genau, wie viele Sterne es gibt. Aber wenn wir die geschätzten 200 Milliarden Sterne in unserer Milchstraße als einen Durchschnittswert für alle Galaxien annehmen, und wenn es mindestens 175 Milliarden Galaxien gibt, dann gäbe es etwa 35 Trilliarden ($35 \cdot 10^{21}$) Sterne.

Die Antennen-Galaxie

Unsere Sonne

Aber die sichtbaren Sterne bilden vermutlich nur ein Zehntel der Masse des Universums. Für uns unsichtbar sind die sogenannten „schwarzen Löcher", deren Gravitation so stark ist, dass aus ihrem Bereich nichts, nicht einmal Licht, nach außen gelangen kann. Darüber hinaus gibt es noch die sogenannte „dunkle Materie", die wir nicht sehen können und von der wir nicht wissen, woraus sie besteht.

All diese Massen enthalten eine unfassbar riesige Menge an Energie. Die Sterne leuchten, weil die nuklearen Prozesse in ihrem Inneren große Mengen Energie in Form von Licht und anderer Strahlung nach außen abgeben. Im Kern unserer Sonne herrscht eine Temperatur von 15 Millionen Grad Celsius. Diese riesige Menge Energie reicht aus, um unseren Planeten zu erwärmen und zu erhellen, sodass Pflanzen wachsen, die wir essen können. Dabei ist unsere Sonne im Vergleich zu den meisten anderen

Sternen weder besonders groß noch besonders heiß. Die
Menge an Energie im Universum ist einfach unfassbar.

Die unvorstellbare Größe des Universums hat immer
wieder Menschen dazu geführt, darüber nachzudenken,
woher alles kommt, welche Bedeutung es hat und wohin
alles führt.

Der Ursprung des Universums

Stellen Sie sich vor, Sie würden einen leeren Luftballon in die Hand nehmen und ihn mit einem Filzstift mit
schwarzen Punkten im Abstand von einem Zentimeter
versehen. Was geschieht mit den Punkten, wenn Sie den
Ballon aufblasen? Da sich das Gummi ausdehnt, entfernen sich die Punkte voneinander.

Wissenschaftler haben entdeckt, dass etwas Ähnliches
auch mit den Sternen geschieht: Sie entfernen sich von-

einander. Offenbar dehnt sich das Universum aus – ähnlich wie ein Luftballon, den wir aufblasen.

Wenn sich das Universum jedoch ausdehnt, muss es in der Vergangenheit kleiner gewesen sein, als es heute ist. Je weiter wir in die Vergangenheit zurückgehen, umso kleiner ist es damals gewesen. Und irgendwann war es ein für uns unsichtbarer Punkt – der Anfang des Universums. Dieser Punkt ist dann zu der heutigen Größe des Universums angewachsen. Solche Überlegungen führten die Wissenschaftler zu der Annahme, dass das Universum einen Anfang gehabt hat.

Zuerst waren die Kosmologen geteilter Meinung; einige akzeptierten den Gedanken, dass das Universum einen Anfang gehabt hat, andere nicht. Der Astronom Sir Fred Hoyle zum Beispiel war ein so erbitterter Gegner dieser Theorie, dass er spöttisch von einem „big bang", einem großen Knall sprach, wenn von einem Anfang des Universums die Rede war. Dieser Ausdruck wurde zu einem festen Begriff; noch heute ist von der Big Bang-Theorie oder dem „Urknall" die Rede. Weitere Untersuchungen und Entdeckungen schienen diese Vorstellung zu bestätigen, sodass sie heute von den meisten Wissenschaftlern akzeptiert wird.

Die Big Bang-Theorie wirft jedoch mehrere schwerwiegende Fragen auf. Was verursachte diese Entstehung des Universums aus einem winzigen Punkt? War es ein Zufall? Oder steht hinter der Entstehung des Universums irgendetwas anderes – oder irgendjemand?

Ein geplantes Universum

Die heutige Beschaffenheit des Universums – seine spezielle Struktur und seine präzise abgestimmten Eigenschaften – gibt uns wichtige Hinweise auf seinen Ursprung. Die Materie ist im Universum nicht nach dem

Zufallsprinzip verteilt, sondern zu Sternen, Planeten und anderen Himmelskörpern verdichtet. Die Sterne sind nicht wahllos verstreut, sondern zu Galaxien zusammengefasst, und Galaxien treten oft in galaktischen Haufen und Superhaufen auf.

Am erstaunlichsten ist allerdings die Tatsache, dass im Universum – zumindest auf unserer Erde – Bedingungen herrschen, die die Existenz von Lebewesen ermöglichen, wie wir sie kennen. Wie erklären wir das? Drei Antworten scheinen möglich zu sein: ein Naturgesetz, der Zufall oder eine intelligente Planung – wenn wir uns nicht einfach mit der Antwort zufriedengeben: „So muss es eben sein, weil es uns Menschen gibt" (darauf kommen wir später zurück). Diese drei möglichen Ursachen für die Ordnung im Universum sehen wir uns näher an.

Ein Naturgesetz?

Ist die spezifische Struktur des Universums eine natürliche Folge physikalischer Abläufe? Nein, es gibt kein Naturgesetz, demzufolge das Universum aus Planeten, Sternen,

Galaktischer Haufen

Der Adlernebel

Der Schmetterlingsnebel

Galaxien und Clustern bestehen muss. Es könnte genauso gut überall aus Staubwolken bestehen. Die Ordnung, die im Universum herrscht, kann also nicht durch uns bekannte Naturgesetze erzeugt worden sein.

Es bleibt die Frage, ob die bestehende Ordnung im Universum auf einen glücklichen Zufall zurückzuführen ist oder auf einen intelligenten Plan.

Ein Zufall?

Leben kann es im Universum nur geben, wenn ganz bestimmte Bedingungen präzise erfüllt sind. Hätte sich zum Beispiel das Universum zu schnell ausgedehnt, hätte sich die Materie so schnell im Weltall verteilt, dass keine Galaxien und Planeten hätten entstehen können. Eine zu langsame Ausdehnung des Universums hätte zur Folge gehabt, dass die gesamte Materie zu einer einzigen riesigen Masse verschmolzen wäre; und auch in diesem Fall gäbe es keine Planeten. So oder so wäre Leben unmöglich.

Die Expansionsrate des Universums (auch Hubble-Parameter genannt) muss unfassbar genau fixiert sein, denn eine Abweichung in der Größenordnung von 10^{-55} (ein 10^{55}tel, also 0, mit 54 Nullen und einer 1 dahinter: 0,0000000000000000000000000000000000000000 0000000000001) hätte das heutige Universum nicht entstehen lassen!

Die Wahrscheinlichkeit, dass diese Expansionsrate zufällig so genau ist, ist geringer als die Wahrscheinlichkeit, mehrmals hintereinander im Lotto (Gewinnwahrscheinlichkeit rund $1{:}14{\cdot}10^6$) zu gewinnen! Überlegen Sie das einmal. Wenn jemand tatsächlich mehrmals hintereinander sechs Richtige ankreuzen sollte, würden wir das bestimmt nicht dem Zufall zuschreiben! Der Zufall ist also auch keine plausible Erklärung für die präzisen Bedingungen während des „Urknalls", die unser heutiges Universum ermöglicht haben.

Ein intelligenter Plan

Die geordnete Struktur des Universums legt mehr als alles andere den Gedanken nahe, dass es intelligent und zielgerichtet geplant worden ist. Wissenschaftler haben festgestellt, dass das Universum genau jene fein abgestimmten Gegebenheiten hat, die Lebewesen wie uns Menschen ermöglichen.[*]

Für den Aufbau eines Körpers, den Transport von Energie und zur Bereitstellung von Nährstoffen sind Moleküle notwendig. Aber es könnte gar keine Moleküle geben ohne ein präzises Gleichgewicht zwischen den Massen der verschiedenen atomaren Bestandteile und den Kräften, die sie zusammenhalten.

Elemente wie Kohlenstoff, Sauerstoff und Stickstoff, aus denen die Moleküle in Lebewesen aufgebaut sind, konnten zur Zeit des „Urknalls" noch nicht entstehen, sondern erst in Sternen mit Wasserstoff und Helium als

[*] Wissenschaftler sprechen in diesem Zusammenhang vom „anthropischen Prinzip": Weil es in diesem Universum Beobachter gibt (uns Menschen), müssen die Gesetze des Universums so eingerichtet sein, dass sie die Existenz der Beobachter zulassen.

„Brennstoff". Sie entstanden im Innern der Sonnen und wurden nach Beendigung des Lebenszyklus eines Sternes (einige Milliarden Jahre) durch dessen Explosion (Supernova genannt) ins Universum geschleudert. Eine Supernova kann aber nur stattfinden, wenn die schwache Kernkraft und die Gravitationskonstante genau die heutige Größe besitzen.

Zwei weitere Kräfte mit ihren jeweiligen Konstanten spielen für die Entstehung der höheren Elemente eine entscheidende Rolle: die elektromagnetische Wechselwirkung, die abstoßend auf gleichgeladene Teilchen wirkt, und die starke Kernkraft, die extrem anziehend wirkt, jedoch nur über eine sehr kurze Distanz. Wäre sie etwas geringer, könnte sie die einander elektrisch abstoßenden Protonen im Atomkern nicht zusammenhalten und höhere Elemente wie Kohlenstoff könnten nicht entstehen. Wäre die starke Kernkraft aber etwas stärker, so wären bereits kurz nach dem Urknall alle Wasserstoffatome (sie bestehen aus nur einem Proton und einem Elektron) zu Helium geworden. Damit hätte es Wasser

Eine Supernova

als Lösungsmittel und damit auch biologische Prozesse in Lebewesen gar nicht geben können.

Viele Naturwissenschaftler sind heute der Meinung, dass die fein aufeinander abgestimmten Gegebenheiten unseres Universums ein deutlicher Hinweis auf eine intelligente Planung sind.

Weder ein Naturgesetz noch der Zufall können das einzigartige Design des Universums zufriedenstellend erklären. Die beste Erklärung, die mit allem zusammenpasst, was wir im Universum beobachten oder feststellen, lautet: Das Universum ist bewusst geplant und von jemandem mit unfassbarer Macht und Intelligenz erschaffen worden.

Fazit

Seit den Tagen Galileis hat sich unsere Vorstellung vom Universum drastisch verändert. Wir wissen heute, dass es sehr viel größer und komplexer ist, als man es sich vor einigen Jahrhunderten vorstellen konnte. Zunächst dachten die Astronomen, das Universum habe es schon immer gegeben und werde auch in Zukunft ohne irgendwelche Veränderungen existieren. Heute wissen wir, dass es einen Anfang hat und so strukturiert und fein abgestimmt ist, dass in ihm (zumindest auf unserem Planeten) Leben möglich ist.

Obwohl sich unser Wissen über das Universum ständig erweitert, bleibt eines dasselbe: Menschen waren zu allen Zeiten vom Weltall fasziniert und wurden dabei mit den Grundfragen ihrer eigenen Existenz konfrontiert.

Wenn wir uns nun unserer eigenen Welt zuwenden und über die Wunder der Lebewesen auf unserer Erde sprechen, werden wir diesen Fragen weiter begegnen.

Erstaunliches
auf
der Erde

3 Es gibt auf der Erde nur wenige Orte mit einer größeren Vielfalt an Lebensformen als das Great Barrier Reef vor der nordöstlichen Küste Australiens. Es ist das größte Korallenriff der Welt. Wer dort taucht, sieht Riesenmuscheln, deren fleischiger Körper überzogen ist von grünen, mikroskopisch kleinen Algen. Scharen bunter Fische

schwimmen zwischen den Korallen. Die Korallen selbst sind ein nicht endendes Wunder in den Farben des Regenbogens mit einer endlosen Vielfalt an Formen und Größen. In der Tiefe leben Kolonien anderer wunderbarer Lebensformen und erstaunlicher Kreaturen. Noch unfassbarer sind die verborgenen Details dieser Lebewesen.

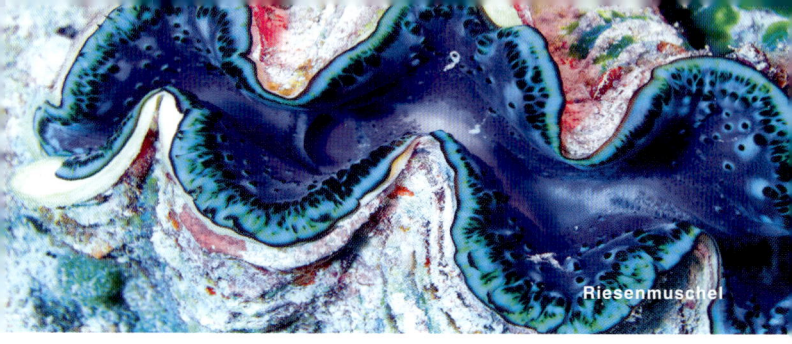

Riesenmuschel

Erstaunliche Lebewesen

Die Schuppige Riesenmuschel trägt ihren Namen zu Recht: Sie wird bis zu 1,20 Meter groß und bis 225 Kilogramm schwer und kann bis zu 100 Jahre alt werden. Man findet sie am Meeresgrund, beide Schalen geöffnet, den fleischigen Körper der Sonne zugewandt. Diese Muschel lebt in Symbiose mit einer winzigen einzelligen Alge mit Namen Symbiodinium. Die Algen leben in den oberen Zelllagen der Muschel und produzieren mithilfe der Photosynthese Nährstoffe. Eine einzige Muschel kann Milliarden Algenzellen in ihrem Fleisch beherbergen. Die Algen erhalten Nährstoffe von der Muschel, und die Muschel bekommt einen Teil ihrer Nahrung von den Nährstoffen, die die Algen produzieren. Beide Partner profitieren also voneinander.

Unter lebenden Organismen sind Beziehungen zu beiderseitigem Nutzen (Symbiose) häufig. Manchmal sind diese sehr spezifisch, wie bei der Riesenmuschel und der Alge Symbiodinium. Im Ganzen gesehen interagieren und kooperieren aber alle lebenden Organismen. Pflanzen benutzen die Energie des Sonnenlichtes, um Wasser und Kohlendioxid in Zucker- und Stärkemoleküle umzuwandeln. Dabei wird Sauerstoff freigesetzt. Aus ihrer Nahrung und Sauerstoff gewinnen Tiere die Energie für ihr Wachstum und ihre Bewegung. Dabei wird wieder

Kohlendioxid frei, den die Pflanzen benötigen, um Nährstoffe herzustellen. Es ist ein ständiger Kreislauf, der Pflanzen, Tieren und Menschen das Überleben sichert und die Vielfalt der Lebewesen ermöglicht.

Der Palolowurm ist ein anderes interessantes Geschöpf, das in den Korallen des Great Barrier Reefs und an vielen anderen Stellen des Südpazifiks lebt. Er sieht aus wie ein abgeflachter Regenwurm und wird etwa 30 cm lang. Er lebt in Tunneln zwischen Korallenblöcken und ernährt sich von Algen. In der Kultur Samoas spielt er eine wichtige Rolle. Zu einer bestimmten Zeit des Jahres waten die Samoaner ins Meer und sammeln die Eier der Palolowürmer ein. Die Eiablage erfolgt in jedem Jahr zu genau der gleichen Zeit und hat für die Samoaner eine so große Bedeutung, dass sie ihren Kalender danach eingerichtet haben.

Wissenschaftler haben einige bemerkenswerte Fakten über das Leben der Samoa-Palolowürmer entdeckt. In der Zeit der Fortpflanzung entwickelt dieser Wurm einen Schwanz, der sich mit Eiern oder Spermien füllt. Beim Laichen bricht der Schwanz ab und trägt die Eier an die Oberfläche, wo sie befruchtet werden. Nahezu alle Würmer legen ihre Eier zur gleichen Zeit ab. Die Präzision dieser zeitlichen Abstimmung ist eindrucksvoll. Die Eiablage beginnt genau sieben Tage nach dem Vollmond, der zwischen dem 8. Oktober und dem 23. November zu sehen ist, und dauert zwei oder drei Tage. Der Höhepunkt des Gewimmels fällt in die Zeit der Flut und zwar in den ersten 30 Minuten nach Mitternacht. Irgendwie spüren die Würmer, wann der richtige Zeitpunkt gekommen ist, und legen dann gleichzeitig so viele Eier ab, dass die Samoaner sie einsammeln und als Nahrung verwenden können.

Palolowürmer in anderen Regionen laichen in einem anderen Monat, aber stets zu einer ziemlich genau festgelegten Zeit. Auf irgendeine Weise vermögen die Würmer den Laichvorgang zu koordinieren. Und weil sie alle auf dasselbe (uns noch unbekannte) Signal in ihrer Umgebung reagieren, kann ihre Gattung überleben.

Den Sturmtaucher (ein Vogel von der Größe einer Krähe) trifft man in bestimmten Jahreszeiten am Great Barrier Reef an. Sturmtaucher verbringen ihr ganzes Leben auf See, die Brutzeit ausgenommen. Sie brüten in Erdlöchern, die sie selbst graben. Sie sind bewundernswerte Navigatoren. Sie fliegen weite Strecken über den Ozean, ohne sich zu verirren. Noch vor Sonnenaufgang verlassen sie ihren Bau, fliegen über der Meeresoberfläche und ernähren sich von kleinen Fischen und Tintenfischen, die sich dicht unter der Oberfläche aufhalten. Sie kehren erst nach Sonnenuntergang zurück. Sie müssen also nicht nur ihre Insel, sondern auch ihren Bau auf der Insel im Dunkeln wiederfinden. Wie sie das machen, haben Forscher noch nicht herausgefunden.

Die erstaunliche Orientierungsfähigkeit der Atlantiksturmtaucher ist von Wissenschaftlern aus Großbritannien getestet worden. Sie brachten eine Gruppe nach Boston (USA) und eine nach Venedig (Italien).

Innerhalb von zwei Wochen kehrten alle Vögel zu ihren Brutlöchern in Großbritannien zurück. Sturmtaucher fliegen normalerweise nicht über Land; umso bemerkenswerter war es, dass sie den Weg von Italien nach England fanden.

Eine andere Art, die Dunkelsturmtaucher, zieht von den antarktischen Gewässern nach Kalifornien, Alaska und Japan und zurück; eine Strecke von über 60 000 Kilometern! Sturmtaucher gehören ohne Zweifel zu den wunderbarsten Tieren.

Auch viele andere Geschöpfe haben die Fähigkeit, Tausende Kilometer zurückzulegen und genau zu ihrem Ausgangspunkt zurückzukehren. Lachse zum Beispiel sind berühmt dafür, dass sie dorthin zurückkehren, wo sie aufgewachsen sind. Meeresschildkröten wandern Tausende Kilometer zwischen der Karibik und den Inseln des

Von der Puppe zum Schmetterling

Mittelatlantiks hin und her. Millionen Vögel ziehen jedes Jahr von Nord- und Mitteleuropa nach Südafrika und zurück. Ihr Instinkt und ihre Fähigkeit, sich auf ihren langen Reisen zu orientieren, gehören zu den unfassbaren Wundern, die es auf unserem Planeten gibt.

Man könnte noch viele andere Beispiele erstaunlicher Lebewesen nennen: Licht erzeugende Glühwürmchen; Strom generierende Zitterwelse; Fledermäuse, die sich im Dunkeln durch Echolotung orientieren; Raupen, die sich in wunderschöne Schmetterlinge verwandeln und viele andere mehr.

Unsere erstaunliche Welt

Meist denken wir nicht darüber nach, wie die Zustände auf der Erde beschaffen sein müssen, damit auf ihr Leben gedeihen kann, sondern nehmen sie einfach als gegeben hin. Wissenschaftlern ist jedoch bei der Erforschung des Universums in zunehmendem Maße bewusstgeworden, wie einzigartig und gut geplant unsere Welt ist. Sie erkennen zunehmend, dass spezielle Bedingungen erfüllt sein müssen, damit Leben überhaupt möglich ist. Unsere Erde scheint sehr sorgfältig darauf ausgelegt zu sein.

Lebende Organismen brauchen ganz bestimmte Umweltbedingungen: eine geeignete Energiequelle (Sonnenlicht), Rohmaterial für den Aufbau von Zellen und Geweben (Nährstoffe), ein geeignetes Medium, in dem die notwendigen chemischen Prozesse ablaufen können (Wasser) und eine für chemische Reaktionen erforderliche Temperatur. Bisher ist nicht sicher, ob es im Universum andere Planeten gibt, auf denen all diese Voraussetzungen erfüllt sind. Vor kurzem sind erste Entdeckungen gemacht worden, die Leben auch auf anderen, erdähnlichen Planeten möglich erscheinen lassen.

Wie wir wissen, ist das Sonnenlicht die Energiequelle für fast alle Lebensformen (eine Ausnahme bilden nur einige Arten von Bakterien in der Tiefe der Ozeane). Für uns ist das Sonnenlicht so selbstverständlich, dass wir es kaum für etwas Besonderes halten.

Licht ist eine Energieform, die als elektromagnetische Strahlung bezeichnet wird. Die Energie dieser Art von Strahlung ist sehr unterschiedlich. Gammastrahlen sind sehr kurzwellig und enthalten so viel Energie, dass sie Lebewesen zerstören können; Radiowellen dagegen sind zu schwach, um Energie für Lebewesen bereitzustellen. Die Energie des sichtbaren Lichtes reicht aus, um in Pflanzen wichtige chemische Reaktionen zu ermöglichen, sie ist aber zu schwach, um die Moleküle zu zerstören, die den Körper lebender Organismen bilden. Das Sonnenlicht ist eine der wichtigsten Voraussetzungen für das Leben auf dieser Erde. Die meisten Sterne stellen nicht die richtige Menge an Energie zur Verfügung, um auf ihren Planeten Wesen, wie wir sie kennen, das Leben zu ermöglichen.

Das Sonnenlicht stellt nicht nur die Energie zur Verfügung, die lebende Organismen benötigen, sondern sorgt auch für die richtige Temperatur. Sie wird bestimmt von der Energieabgabe der Sonne, von der Entfernung zwischen ihr und der Erde und von der Fähigkeit der Erde, Wärme aufzunehmen und zurückzuhalten. Wäre die Entfernung der Erde von der Sonne größer, wäre es bei uns zu kalt; stünde die Erde der Sonne näher, wäre es zu heiß. Unsere Erde und ihre Sonne bilden also eine besondere Konstellation.

Der Fortbestand des Lebens auf der Erde hängt vom richtigen Zusammenspiel zwischen ihrer Atmosphäre, der Sonnenstrahlung und der Entfernung zwischen Erde und Sonne ab. Eine drastische Veränderung eines dieser Faktoren könnte das Leben auf der Erde leicht auslöschen.

Das Kohlendioxid und der Wasserdampf in unserer Atmosphäre halten Wärme zurück und tragen dazu bei, auf der Erdoberfläche eine geeignete Temperatur zu erhalten. Gäbe es zu viel von diesen Gasen in der Atmosphäre, wäre es auf der Erde zu warm; enthielte sie überhaupt kein Kohlendioxid und keinen Wasserdampf, wäre es zu kalt. Die Temperatur auf der Erdoberfläche hängt außerdem mit der Geschwindigkeit zusammen, mit der sich die Erde um die eigene Achse dreht, und mit der Verteilung der Kontinente und Ozeane auf der Erdoberfläche.

Das Erstaunliche am Wasser

Leben erfordert auch eine Quelle für Rohmaterial und die Möglichkeit chemischer Reaktionen. Die Erde stellt beides in der richtigen Kombination zur Verfügung. Wasser ist eine der Grundvoraussetzungen für Leben; auf der Erde gibt es sehr viel davon. Auf einigen anderen Planeten und Monden in unserem Sonnensystem scheint es auch Wasser zu geben, aber nicht in stabiler flüssiger Form wie bei uns. Wasser ist absolut lebensnotwendig.

Wissenschaftler, die erforschen wollen, ob es auf anderen Planeten Leben gibt, suchen daher immer zuerst nach Wasser.

Wasser ist ein einzigartiges Medium; ohne es könnten die lebensnotwendigen chemischen Reaktionen nicht stattfinden. Wasser (H_2O) löst viele Substanzen, transportiert sie in die Umgebung und verteilt sie im gesamten Körper der Lebewesen. Aufgrund der räumlichen Anordnung der zwei Wasserstoffatome und des einen Sauerstoffatoms hat das Molekül die Eigenschaft eines elektrischen Dipols (Zweifachpol). Das ist für die verschiedenen Funktionen des Wassers in Lebewesen von entscheidender Bedeutung, zum Beispiel für die Löslichkeit von Eiweißmolekülen, den Transport von Nähr- und Abfallstoffen, die Beteiligung am Aufbau von Zellmembranen durch die große Oberflächenspannung des Wassers und die Mitwirkung an der Photosynthese. Hätte aber die elektromagnetische Feinstrukturkonstante einen geringfügig anderen Wert, könnte die Dipoleigenschaft der Wassermoleküle nicht auftreten. Dann würden sämtliche wichtigen biologischen Funktionen in den Lebewesen unmöglich sein. Und einen Ersatz für das Wasser durch ein anderes Lösungsmittel gibt es nicht. (Der ähnlich zusammengesetzte Schwefelwasserstoff H_2S ist z. B. ein stinkendes Gas.)

Wasser ist auch ein Wärmespeicher, der dazu beiträgt, dass die Temperatur auf unserer Erde moderat bleibt. In Küstenregionen herrscht gewöhnlich ein milderes Klima als in Regionen, die weiter vom Meer entfernt sind. Wasser hilft den Tieren, die für sie richtige Körpertemperatur aufrechtzuerhalten, denn es kann die Temperatur senken, indem es über die Haut verdunstet.

Wasser hat noch viele andere, Leben erhaltende Eigenschaften. Weil Eis schwimmt (ebenfalls eine Folge des Di-

polcharakters der Wassermoleküle), können Fische auch in zugefrorenen Seen überleben. Würde Eis sinken und dadurch nach und nach alles Wasser im See oder einem Meer vom Grund bis zur Oberfläche zu Eis werden, müssten die meisten Fische sterben. Wasser nimmt auch Sauerstoff auf, den Fische und andere Wassertiere brauchen.

Wassermoleküle haften aneinander, deshalb kann Wasser bis in die Spitzen großer Bäume aufsteigen. Wasser hat gute Fließeigenschaften, sodass es sich sowohl auf Oberflächen als auch im Boden recht frei bewegen und von Pflanzen aufgenommen werden kann und auch für die Feuchtigkeit sorgt, die Würmer und anderes im Boden lebendes Getier brauchen. Soweit wir bisher wissen, gibt es nur auf unserer Erde so viel flüssiges, lebensnotwendiges Wasser.

Das Leben benötigt viele verschiedene Baustoffe; unsere Erde stellt sie zur Verfügung. Besonders wichtig ist der Kohlenstoff, weil er mit seinen Ketten viele diverse organische Verbindungen aufbauen kann. Einige seiner speziellen Eigenschaften werden jetzt auch in der

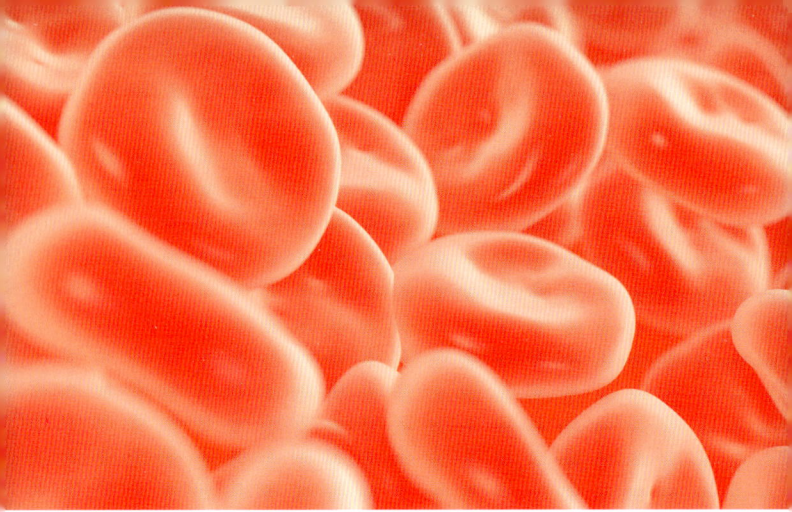

Industrie angewandt (z. B. zur Herstellung leichter Au-
tokarosserien). Auch Phosphor, Stickstoff, Schwefel,
Eisen und kleine Mengen weiterer Elemente sind für
Lebewesen unverzichtbar.

Manche dieser Elemente müssen spezielle Eigenschaften besitzen, zum Beispiel das Magnesium, das für den
Aufbau des Chlorophylls und damit für die Photosynthese (die Herstellung von Zucker und Stärke in Pflanzen)
unerlässlich ist, oder Eisen, das beim Hämoglobin in den
roten Blutkörperchen eine entscheidende Rolle für den
Sauerstofftransport spielt. Die Eigenschaften und die
Wirkungsweisen dieser Elemente würden sich verändern,
wenn sich die Größe der physikalischen Naturkonstanten ändern würde – und damit wären Stoffwechselvor-
gänge in Lebewesen unmöglich.

Es ist offensichtlich, dass die Naturkonstanten genau die Größenordnung haben, die das Leben auf unserem Planeten ermöglicht (das „anthropische Prinzip").

Die Gesetze des Universums mit ihren Naturkonstanten

(zurzeit kennt man mindestens sieben fundamentale) müssen so beschaffen und aufeinander abgestimmt sein, dass sie die Existenz von Lebewesen ermöglichen. Warum dies tatsächlich der Fall ist, darüber sind sich die Wissenschaftler nicht einig. Dass es ein reiner Zufall ist, muss aber – wie ausgeführt – ausgeschlossen werden.

Fazit

Wir leben auf einer sorgfältig gestalteten Erde, auf der die Voraussetzungen für das Leben präzise erfüllt sind. Wir sind umgeben von Lebewesen mit erstaunlichen Fähigkeiten und gegenseitigen Abhängigkeiten. Sie zeigen eine Vielfalt an Formen, Farben, Verhaltensweisen und Lebensräumen. Das alles führt viele Menschen zur Schlussfolgerung, dass dahinter ein intelligenter Schöpfer steht, der nicht nur das Nützliche, sondern auch das Schöne erdacht und erschaffen hat.

Im nächsten Kapitel werden wir uns mit den wunderbaren Fähigkeiten des Menschen beschäftigen – Fähigkeiten, die überraschenderweise nichts mit der Erhaltung des Lebens zu tun haben. Danach werden wir auf die Frage eingehen, warum es so viel Leid und Böses auf der Welt gibt.

Die
Einzigartigkeit
des
Menschen

4 Am 21. Juli 1969 haben etwa 500 Millionen Menschen auf der Welt im Fernsehen verfolgt, wie die Astronauten Neil Armstrong und Edwin Aldrin in ihrer Mondkapsel „Eagle" im Meer der Stille auf dem Mond landeten. Allen Zuschauern war klar, dass es sich um ein historisches Ereignis handelte.

Der Plan, Menschen zum Mond zu schicken und wohlbehalten wieder zurückzubringen, war von Präsident John F. Kennedy im Mai 1961 verkündet worden. Im September 1962 wiederholte er die Ankündigung. Diese berühmte Rede inspirierte Millionen Menschen, sich große Ziele zu stecken.

Menschen zum Mond zu schicken war in der Tat ein außergewöhnliches Vorhaben mit erheblichen Risiken. Ein glückliches Ende war keineswegs garantiert. Als die Apollo 11-Raumkapsel am 24. Juli in den Pazifischen Ozean eintauchte, war die Erleichterung groß. Es gab spontanen Jubel; man hatte etwas vollbracht, was noch nie versucht worden war.

Wie von einer professionellen Mannschaft nicht anders zu erwarten, erklärten die Astronauten, dass der Erfolg ihrer Mission ein Verdienst von Tausenden Wissenschaftlern und Technikern war. Der erfolgreiche Flug zum Mond wäre nicht möglich gewesen, wenn nur einige wenige daran gearbeitet hätten. Der Erfolg war das Ergebnis jahrelanger Arbeit Tausender gut ausgebildeter Fachleute.

Die Einzigartigkeit des Menschen

Der Erfolg der Apollo 11-Mission war eine spektakuläre Leistung der Menschen. Derartig kühne Projekte sind in der Geschichte nicht ungewöhnlich, aber nur Menschen sind dazu in der Lage, sie zu planen und durchzuführen. Keine andere Gattung lebender Wesen vermag Vergleichbares zu vollbringen. Keine anderen Kreaturen können Projekte planen und durchführen, die jahrelange Zusammenarbeit vieler Individuen erfordern.

Aber warum können sie das nicht? Viele Lebewesen sind bedeutend zahlreicher als die Menschen, und manche verfügen über erstaunliche Fähigkeiten, die wir nicht haben. Menschen können nicht fliegen wie Vögel, nicht schwimmen wie Fische oder klettern wie Affen. Aber weil sie andere spezielle Fähigkeiten haben, können auch sie sich mit Hilfsmitteln in der Luft und im Wasser fortbewegen und jeden beliebigen Punkt in Bäumen erreichen.

Menschen können erstaunliche Dinge tun, die keine andere Kreatur vollbringen kann. Sie denken sich etwas Neues aus, machen Pläne und führen sie aus. Über die Fähigkeit, zu planen und Neues zu vollbringen, verfügen nur die Menschen.

Auch das Sprechen ist eine einzigartige Fähigkeit der Menschen. Tiere können miteinander kommunizieren – einige sogar auf erstaunliche Art und Weise –, aber kein Tier kann sprechen. Eine klare sprachliche Kommunikation ist jedoch notwendig, wenn es um die Koordination und Durchführung von komplexen Arbeiten geht. Sprache ist das Medium, mit dem wir anderen unsere Gedanken mitteilen, etwas erörtern oder bewerten. Ohne miteinander zu reden, hätten Projekte wie der Flug zum Mond weder in Angriff genommen noch erfolgreich durchgeführt werden können.

Etwas anderes, worüber nur wir Menschen verfügen, ist die Kombination von Selbstbewusstsein und der Freiheit zu eigenständigen Entscheidungen. Menschen sind in der Lage, sich als Individuen wahrzunehmen und selbst zu entscheiden, wie sie sich verhalten wollen. Das gibt ihnen – im Gegensatz zu Tieren – ein Empfinden für Moral und macht sie verantwortlich für das, was sie tun.

Dieses Moralbewusstsein motiviert Menschen, verantwortlich zu handeln und verlässlich zu sein. Es befähigt sie, viel enger miteinander zusammenzuarbeiten, als Tiere das können. Tausende Techniker haben beim Apolloprojekt einander vertraut und Hand in Hand gearbeitet.

Auch Religion ist nur bei Menschen anzutreffen. Allen anderen Gattungen ist es unmöglich, religiöse Vorstellungen oder Gewohnheiten zu entwickeln, weil ihnen die Voraussetzung für Moral fehlt, nämlich Entscheidungsfreiheit und ein Selbstbewusstsein. So seltsam es auch klingen mag – man könnte sagen, dass das Christentum zum Erfolg der Apollomission beigetragen hat, und zwar, weil es die philosophische Grundlage (das Denkmuster) geschaffen hat, ohne das sich die heutige Wissenschaft nicht entwickeln konnte. Das Christentum lehrt, dass Gott das Universum zuverlässig und berechenbar lenkt (anders als die griechischen und römischen Götter). Deshalb macht es Sinn zu versuchen, die Gesetze zu erfor-

schen, welche die Naturprozesse steuern. Das Christentum trug also zum Erfolg der modernen Wissenschaften bei, weil es eine Kultur geschaffen hat, in der sie sich entwickeln konnten. Wer die Existenz eines Gottes ablehnt, der aktiv in das Universum eingreift, ist natürlich anderer Meinung; dennoch lohnt es sich, dieses Thema ernsthaft zu überdenken.*

Warum ist der Mensch einzigartig?

Es ist weitgehend unbestritten, dass die Gattung Mensch unter allen Lebewesen, die es auf dieser Erde gibt, einzigartig ist. Aber warum ist das so? Menschen sind anderen Wirbeltieren (speziell den Affen) doch recht ähnlich: Sie haben ähnliche innere Organe, besitzen Arme und Beine, die Fortpflanzung geschieht auf vergleichbare Weise und zum allergrößten Teil haben sie gleiche Gene (über 99 Prozent wie die Affen). Warum unterscheiden sich Mensch und Tier so sehr voneinander? Darauf bekommt man gewöhnlich eine von zwei ganz verschiedenen Antworten: durch die Evolution oder einen Schöpfungsakt.

Die Evolutionstheorie besagt, dass die heutigen Menschen und Affen von gemeinsamen Vorfahren abstammen. Die sprachlichen und mechanischen Fähigkeiten der Menschen werden lediglich als Verbesserungen der Möglichkeiten betrachtet, die andere Primaten auch besitzen. Viele Vertreter der Evolutionstheorie würden sogar behaupten, dass Menschen in Wirklichkeit weder über Entscheidungsfreiheit verfügen noch Moral kennen (manchmal scheint es wirklich so zu sein).

* Siehe z. B. John Lennox, *Hat die Wissenschaft Gott begraben? Eine kritische Analyse moderner Denkvoraussetzungen*, SCM R. Brockhaus-Verlag, Witten 2013.

Diese Ansicht wirft eine Reihe von Fragen auf. Besonders problematisch ist, dass mit der evolutionären Entwicklung, die doch nur das Überleben der Gattungen sicherstellen soll, einiges nicht erklärt werden kann und Fragen unbeantwortet bleiben. Zum Beispiel: Warum haben Menschen Fähigkeiten, die weit über das hinausgehen, was zum bloßen Überleben nötig ist? Warum sollten sie zum Beispiel Kunst, Musik und Schönheit schätzen? Welchen evolutionären Vorteil bieten die Fähigkeiten, ein Bild zu malen, ein Gedicht zu schreiben oder sich an Blumen zu erfreuen? Man könnte noch viele andere ähnliche Einwände erheben. Solche Überlegungen machen vielen Leuten deutlich, dass die Evolutionstheorie keine befriedigende Erklärung für die außerordentlichen Fähigkeiten des Menschen bietet.

Das erste Buch der Bibel beschreibt die Erschaffung des Menschen folgendermaßen (in 1. Mose 1,26–27 und 2,7):

1. Er wurde aus Material gemacht, das sich im Erdboden befindet – also aus denselben Bausteinen wie jedes andere Lebewesen auf Erden auch.

2. Er wurde als Mann und Frau geschaffen, mit komplementären Fortpflanzungsorganen und der Möglichkeit, neue Menschen in Gestalt von Babys hervorzubringen.

3. Er wurde „nach dem Bild Gottes" geschaffen, das heißt mit Eigenschaften, die Gottes Wesen widerspiegeln.

Punkt 1 und 2 der biblischen Schöpfungsgeschichte stimmen ohne Frage mit der beobachtbaren Wirklichkeit überein. Die Menschen stellen – wie alle Lebewesen auf der Erde – eine auf Kohlenstoffketten aufgebaute Lebensform dar. Sie pflanzen sich fort; jede Generation bringt Nachkommen zur Welt. Sie teilen mit anderen Geschöpfen viele Gemeinsamkeiten. Wenn wir von einem intelligenten

Schöpfer ausgehen, ist eine solche Ähnlichkeit durchaus zu erwarten (Plan- statt Abstammungsverwandtschaft). Welche Bedeutung hätte es jedoch, wenn auch Punkt 3 des Schöpfungsberichtes wahr ist?

Nach dem Bild Gottes geschaffen

Wenn die Menschen deshalb einzigartig wären, weil sie „nach dem Bild Gottes" geschaffen sind (1. Mose 1,27 NLB), könnte man verstehen, warum sie Eigenschaften besitzen, die man bei Tieren nicht findet. Aber in welcher Hinsicht sind denn unsere – im Vergleich zu Tieren – einzigartigen Eigenschaften denen ähnlich, die Gott nach der Beschreibung der Bibel besitzt.

Geht es vielleicht um Beziehungsfähigkeit? Wenn Gott die Menschen tatsächlich als Mann und als Frau geschaffen hat, dann muss Gottes Bild am deutlichsten in der Beziehung zwischen Mann und Frau zu erkennen sein. So wie Gott selbst (laut der Bibel Gott, der Vater, der Sohn und der Heilige Geist), sind auch wir Menschen Beziehungswesen. Wir leben in Familien, in Kommunen und Völkern, und alles, was wir tun, ist letztlich davon bestimmt, in welcher Beziehung wir zu anderen Menschen stehen. Die Fähigkeit, liebevolle Beziehungen einzugehen, könnte also ein Teil des Bildes Gottes in uns Menschen sein.

Wie wir bereits gesehen haben, geht die Kreativität des Menschen weit über das hinaus, was zum Überleben nötig ist. Sie erlaubt ihm, komplexe Vorhaben zu verwirklichen wie zum Beispiel das Apolloprojekt. Man könnte viele andere Beispiele menschlicher Kreativität nennen.

Wenn es einen Gott gibt, der unsere Erde erschaffen hat, dann ist er offensichtlich auch ein Gott, der Schönes liebt. Menschen haben farbenfrohe Gemälde geschaffen, eindrucksvolle Plastiken, großartige Gebäude und Musik in den verschiedensten Stilrichtungen; aber das alles verblasst neben der Schönheit der Blumen, der Vielfalt der Tiere, vieler Landschaften oder dem Vogelgesang. Kann es sein, dass Menschen das Schöne deshalb lieben, weil sie nach dem Bild eines Gottes geschaffen sind, der auch das Schöne liebt?

Die Annahme, dass Gott uns erschaffen hat, würde erklären, warum wir kreativ denken und planen können und Schönes zu schätzen wissen. Sie würde auch erklären, warum Menschen Selbstbewusstsein und die Freiheit zu eigenständigen Entscheidungen besitzen, warum wir sprechen und Sprache verstehen können und warum Beziehungen so wichtig für uns sind.

Die Verantwortung des Menschen

Laut dem Schöpfungsbericht im ersten Buch der Bibel sollten die Menschen zuerst Kinder bekommen und die Erde bevölkern (1. Mose 1,28); sie sollten also Familien gründen. Die Familie ist der Baustein der Gesellschaft.

Wenn es zu Gottes Wesen gehört, Beziehungen zu unterhalten, dann bedeutet nach seinem Bild geschaffen zu sein, starke familiäre Bindungen zu haben.

Gott übertrug den Menschen auch die Aufgabe, die Reichtümer der Erde zu verwalten: Sie sollten den Garten Eden „bebauen und bewahren" (1. Mose 2,15 NLB). Gott erschuf die Erde, und die Menschen sollten sich um sie kümmern. Menschen, die das Wesen Gottes widerspiegeln, werden also Tiere freundlich behandeln und die Umwelt, in der alle Lebewesen zu Hause sind, vor Schaden zu bewahren versuchen.

Niemand wird behaupten, dass wir die Reichtümer der Erde gut verwaltet haben. Wir haben zu viel Kohle und Öl verbrannt und die Atmosphäre und das Wasser verschmutzt. Manche Tierarten wurden gejagt, bis sie ausgerottet waren, anderen haben wir ihre Lebensgrundlage genommen, und viele Tiere werden unter unwürdigen Bedingungen zum Schlachten aufgezogen. Profitdenken und Habgier statt verantwortliches Planen für die Zukunft haben das Handeln vieler Menschen bestimmt.

Wir hätten es anders machen können – und wir können es auch jetzt noch anders machen. Wir haben die Fähigkeiten, die nötig sind, um die Erde besonnen zu verwalten, denn wir verstehen das Prinzip von Ursache und Wirkung und können vorausdenken und zusammenarbeiten.

Und das ist weit mehr, als wir zum Überleben brauchen. Sich um die Schöpfung zu kümmern erfordert genau die Eigenschaften, die den Menschen so einzigartig machen, und die man auch erwarten würde, wenn er nach dem Bild Gottes geschaffen worden ist.

Fazit

Wir Menschen sind unter allen Lebewesen auf der Erde einzigartig. Die biblische Schöpfungsgeschichte erklärt, warum das so ist. Sie beantwortet die Frage, warum der Mensch Fähigkeiten hat, die weit über das hinausgehen, was er zum bloßen Überleben braucht, und erklärt, wozu ihm diese Fähigkeiten gegeben worden sind.

Spiegeln diese Eigenschaften das Bild Gottes wider? Oder ist unsere Fähigkeit, Beziehungen einzugehen und kreativ zu sein, das Ergebnis eines zufälligen Prozesses? Sind unsere Liebe für das Schöne, die Fähigkeiten zu sprechen, andere zu verstehen und eigenständige Entscheidungen zu treffen, zufällig entstanden? Es ist höchst unwahrscheinlich, dass das, was uns als Menschen auszeichnet, Ergebnis eines blinden Zufalls sein sollte.

Doch die Menschen sind leider auch zu bösen Taten fähig. Sie behandeln ihre Mitmenschen oft auf niederträchtige oder grausame Weise. Und vieles in unserer Umwelt, was wir Menschen *nicht* angerichtet haben, macht nicht den Eindruck einer guten Schöpfung: verheerende Erdbeben, Vulkanausbrüche, Überschwemmungen und andere Naturkatastrophen. Da drängt sich uns die Frage auf: Woher kommt das alles, wenn es einen guten Schöpfergott gibt? Woher kommen das Böse und all das Leid? Hat Gott das auch geschaffen? Und wenn nicht: Warum lässt er das alles zu? Mit diesen Fragen befassen wir uns im nächsten Kapitel.

Warum
das Böse
und all
das Leid?

5 Der 1. November war in Portugal bereits im Jahr 1755 ein wichtiger religiöser Feiertag – Allerheiligen. Normalerweise schlossen sich König Joseph I. und Königin Maria Anna Viktoria der Menschenmenge an und nahmen vormittags an einer Messe in einer der großen Kirchen Lissabons teil. Aber eine ihrer Töchter wollte den Feiertag an der Atlantikküste verbringen; und weil es ein schöner Tag war, stimmte der König zu. Bei Tagesanbruch besuchte die Familie eine Messe, dann verließ sie den am Ufer des Tejo gelegenen Ribeira-Palast, um den Tag im Freien zu genießen. Sie ahnten nicht, dass sie ihr Zuhause nie wiedersehen würden.

An diesem Morgen brach vor Portugals Küste um 9.40 Uhr ein Abschnitt des Meeresbodens weg und verursachte eines der gewaltigsten Erdbeben, die wir kennen, mit einer geschätzten Stärke von 8,5 bis 9 auf der Richterskala. Innerhalb von zehn Minuten gab es drei Erdstöße, von denen der zweite der heftigste war. Das Erdbeben von Lissabon war eine der bedeutendsten Naturkatastrophen der Menschheitsgeschichte. Die Erschütterungen waren von Finnland bis Afrika zu spüren, und die nachfolgenden Tsunamiwellen erreichten die Küsten von Nordafrika, Frankreich, England, Irland, Belgien, Holland und sogar die karibischen Inseln und Südamerika.

Das Erdbeben brachte zehntausenden Menschen den Tod oder unsägliches Leid. Es zerstörte einen großen Teil Lissabons, darunter den Königspalast, dessen 7000 Bände umfassende Bibliothek, die Kathedrale und eine Kunstsammlung von unschätzbarem Wert. Viele Kirchen stürzten ein, und Hunderte von Gläubigen wurden unter den Trümmern begraben. Tausende Wohnhäuser und andere Gebäude wurden zerstört oder beschädigt.

Viele der Überlebenden liefen zu den Hafenanlagen, weil dort keine Gebäude waren, die einstürzen und sie verschütten konnten. Sie beobachteten, wie sich das Wasser aus der Bucht ins Meer zurückzog, sodass zahlreiche Schiffswracks sichtbar wurden. Viele erkannten die drohende Gefahr nicht und rannten los, um in den gesunkenen Schiffen nach Schätzen zu suchen. Sie wussten nicht, dass den Erdstößen drei Tsunamiwellen folgen würden. Zuerst strömte alles Wasser aus der Bucht hinaus ins Meer, aber wenige Minuten später kehrte eine sechs bis neun Meter hohe Tsunamiwelle zurück. Sie raste im breiten Flussbett des Tejo aufwärts, überflutete die Ufer und riss alle in Ufernähe gebauten Häuser mit sich, die beim Erdbeben verschont geblieben waren. Sie zerstörte die Docks und Schiffe im Hafen. Tausende Menschen wurden Opfer der Tsunamiwellen.

Aber es kam noch schlimmer! Um ihr Leben zu retten, waren die Menschen ins Freie gestürmt. Niemand hatte noch die Zeit, das Feuer im Küchenherd zu löschen. In jeder Kirche brannten Kerzen. Bald breiteten sich in der

Stadt viele Brände aus – zum Teil auch von Plünderern gelegt, um ihren Diebstahl zu verbergen. Was das Erdbeben und die Tsunamiwellen übrig gelassen hatten, wurde ein Raub der Flammen. Fünf oder sechs Tage lang wütete das Feuer in der Stadt. Unter anderem brannte das königliche Allerheiligenhospital – das größte Krankenhaus der Stadt – bis auf die Grundmauern nieder; mehrere hundert Patienten fanden den Tod.

Die königliche Familie überlebte die Katastrophe, aber König Joseph wollte nie wieder in einem gemauerten Gebäude wohnen. Der gesamte Hofstaat wurde außerhalb von Lissabon in einem riesigen Zeltkomplex untergebracht. Dort lebte der König bis zu seinem Tod.

Ein Wendepunkt im Denken

Zur Zeit des Erdbebens war Lissabon mit geschätzten 200 000 bis 250 000 Einwohnern die viertgrößte Stadt Europas. Die portugiesischen Forscher und Kaufleute waren geschickte Seefahrer; das hatte Lissabon zu einer der reichsten Städte jener Zeit gemacht. Aber das Erdbeben veränderte alles. Durch das Beben, die Tsunamiwellen und die Feuersbrunst wurden 30 bis 40 000 Menschen getötet und 75–85 Prozent der Stadt zerstört. Portugal verlor für immer den größten Teil seiner wirtschaftlichen und politischen Macht.

Noch wichtiger aber war, dass die Katastrophe zu einer Wende im Denken der Menschen führte. Vor dem Erdbeben hatten sie eine sehr idealistische Einstellung zur Religion und zur Welt. Manche Philosophen waren der Ansicht, dass die Welt so gut war, wie Gott sie geschaffen hatte; sie hielten sie für die beste aller möglichen Welten; doch andere bezweifelten das. Das Erbeben beantwortete diese Frage ein für alle Mal: Diese Erde war nicht die beste, die man sich vorstellen konnte; ihr Zustand war keineswegs gut.

Aus religiöser Sicht gab es keinen plausiblen Grund für die furchtbare Katastrophe von 1755. Manche Bischöfe der Kirche erklärten zwar, das Erdbeben sei ein göttliches Strafgericht gewesen, aber andere wiesen auf folgende Beobachtung hin: Jener heruntergekommene Stadtteil, in dem an jeder Ecke Prostituierte standen und in Kneipen Alkohol angeboten wurde, hatte nur geringe Schäden erlitten, während die Kathedrale und die meisten Kirchen in Schutt und Asche lagen und viele Gläubige ausgerechnet während der Messe umgekommen waren. Das passte gar nicht zu der Vorstellung eines göttlichen Strafgerichtes.

Die Menschen fingen an, nach anderen Erklärungsmodellen zu suchen. Das Erdbeben von Lissabon führte zu einem drastischen Wandel in der allgemeinen Denkweise. Katastrophen wurden nicht mehr als Gerichte Gottes betrachtet, sondern den Naturkräften zugeschrieben. Wissenschaftler versuchten nun, die natürlichen Ursachen für Erdbeben, Wirbelstürme, Dürreperioden und andere Katastrophen zu erforschen.

Das Problem des Bösen

Wir selbst mögen noch nicht Zeugen solch katastrophaler Ereignisse wie ein Erdbeben geworden sein, aber jeder von uns erlebt schlimme Dinge. Mancher hat Krebs oder eine andere schwere Krankheit; andere müssen infolge von Unfällen oder genetischen Defekten mit Einschränkungen leben. Die tägliche Bilanz bei Verkehrsunfällen ist erschreckend und manche Menschen fallen sogar einem Verbrechen zum Opfer. Das Fernsehen zeigt schockierende Berichte über Terroranschläge und Kriege.

Warum geschehen all diese Dinge? Und warum treffen sie so oft „unschuldige" Menschen?

In den vorangegangenen Kapiteln haben wir uns mit den Wundern im Universum und der Macht des Schöpfergottes beschäftigt. Aber warum lässt er zu, dass Unschuldige Unheil trifft? Wenn Gott eine vollkommene Welt geschaffen hat, woher kommt dann das Böse? Sollte er gar selbst das Böse und all das Leid in die Welt gebracht haben? Oder gibt es einen zweiten, bösen Gott, der dafür verantwortlich ist, wie manche Religionen behaupten?

Die Bibel gibt uns nicht nur Auskunft über den Ursprung des Lebens auf dieser Welt, sondern auch über den Ursprung des Bösen. Doch die Hinweise darauf sind etwas versteckt und selbst vielen Christen unbekannt.

Die Erfahrung Hiobs

In der Bibel erzählt das Buch Hiob die sehr alte Geschichte eines reichen, gläubigen Mannes namens Hiob. Er war verheiratet und hatte sieben Söhne und drei Töchter. Auf seinen Weiden grasten Tausende Schafe, Rinder, Kamele und Esel. Er verehrte den wahren Gott, war ihm treu und mit Reichtum und Wohlergehen gesegnet.

Aber dann erhält der Leser plötzlich einen Blick in einen völlig ungewohnten Ort, nämlich in den Thronsaal Gottes. Dort fand gerade eine Versammlung statt. Alle sogenannten „Gottessöhne" waren zusammengerufen worden, und auch der Widersacher Gottes (hebräisch *satanas*) war da. Er hatte sich auf der Erde unter den Kindern Gottes umgesehen.

„Hast du auch meinen Diener Hiob gesehen?", fragte Gott ihn. „So wie ihn gibt es sonst keinen auf der Erde. Er ist ein Vorbild an Rechtschaffenheit."

„Würde er dir gehorchen, wenn es sich für ihn nicht lohnte?", entgegnete Satan. „Du hast ihn und seine Familie und seinen ganzen Besitz vor jedem Schaden bewahrt. Du lässt alles gelingen, was er unternimmt, und sein Vieh füllt das ganze Land. Taste doch einmal seinen Besitz an! Wetten, dass er dich dann öffentlich verflucht?"

„Gut! Alles, was er besitzt, gebe ich in deine Gewalt. Aber ihn selbst darfst du nicht antasten!", antwortete Gott (Hiob 1,8–12). Wenn er auch gegenüber Satan fair bleiben wollte, konnte er nicht anders handeln, denn Hiob war der einzige, der nun durch sein Verhalten beweisen konnte, wer Recht hatte – Gott oder Satan.

Daraufhin nahm das Unheil seinen Lauf. Hiob wurde von einem Unglück nach dem anderen heimgesucht: Seine Rinder, Esel und Kamele wurden gestohlen; Blitze töteten die Schafe und ihre Hirten; ein schwerer Sturm riss das Haus um, in dem seine Kinder gerade bei einer Feier zusammen aßen, und alle kamen ums Leben. An einem einzigen Tag verlor Hiob alles, was ihm lieb und wert war.

Hiob hielt aber an seinem Vertrauen zu Gott fest. Er klagte Gott nicht an. Er zerriss seine Kleider als Zeichen der

Trauer und sagte: „Der Herr hat gegeben und der Herr hat genommen. Ich will ihn preisen, was immer er tut!" (Hiob 1,21) Er verfluchte Gott nicht, wie Satan behauptet hatte.

Als Gott ihn das nächste Mal auf die Treue Hiobs hinwies, behauptete Satan: „Nimm ihm seine Gesundheit und er wird sich bestimmt von dir lossagen!" (Hiob 2,5 NLB)

Wieder ließ Gott das notwendigerweise zu und erlaubte Satan, Hiob erneut auf die Probe zu stellen: „Gut! Ich gebe ihn in deine Gewalt. Aber sein Leben darfst du nicht antasten!" (Vers 6)

Satan schlug Hiob daraufhin von Kopf bis Fuß mit eitrigen Geschwüren. Als Hiob in der Asche saß und mit einer Tonscherbe den Schorf von seinen Geschwüren kratzte, fragte seine Frau: „Willst du Gott jetzt immer noch die Treue halten? Verfluche ihn doch und stirb!"

Hiob stellte ihr die Gegenfrage: „Sollen wir das Gute aus Gottes Hand nehmen, das Schlechte aber ablehnen?" (Verse 9–10)

Dann kamen Hiobs Freunde. Zuerst schwiegen sie in Trauer; dann versuchten sie, Hiob zu trösten. Danach ver-

Hiob

suchten sie, ihn davon zu überzeugen, dass er offenbar Böses getan oder Gott beleidigt hätte. Warum sollte Gott ihn sonst so hart bestrafen?

Aber Hiob widersprach ihnen und bestand darauf, nichts Böses getan zu haben. Er bat Gott immer wieder, ihm zu erklären, warum ihm diese schrecklichen Dinge geschehen waren, denn er sah (fälschlicherweise) Gott als den Verantwortlichen dafür. Hiob kannte nicht die Hintergründe des Geschehens, die nur die Leser des Buches Hiob später erfahren.

Schließlich antwortete Gott ihm aus einem mächtigen Sturm und fragte: „Wo warst du denn, als ich die Erde machte? Wenn du es weißt, dann sage es mir doch! Wer hat bestimmt, wie groß sie werden sollte?" (Hiob 38,4–5)

Gott stellte viele Fragen über die faszinierende Schöpfung, die Hiob nicht beantworten konnte. Er schien ihm klarmachen zu wollen: „Du weißt nicht genug, um verstehen zu können, warum dir das alles geschehen ist. Du musst mir vertrauen." Und das tat Hiob. Es tat ihm leid, in seinem Schmerz an Gottes Güte und Gerechtigkeit

gezweifelt zu haben, aber er war froh, dass er Gott besser kennengelernt hatte (siehe Hiob 42,1–6).

Die Geschichte endet damit, dass Gott Hiob erneut segnete und ihm mehr gab, als er vorher gehabt hatte; denn Satans Verleumdungen gegen Hiob hatten sich als unwahr erwiesen. Zehn weitere Kinder wurden ihm geboren, und er lebte noch lange genug, um seine Urenkel zu sehen.*

Lehren aus dem Buch Hiob

Zurück zu unserer Frage: Warum gibt es Böses in einer Welt, die Gott gut geschaffen hat? Aus der Geschichte Hiobs lernen wir:

1. All das Böse, das wir erleben, kommt nicht von Gott. Vieles davon wird – wie wir täglich erfahren – von Menschen selbst an anderen Menschen verübt; aber es gibt auch einen Feind Gottes, der Menschen Böses antut und Leid verursacht, um sie von Gott abzubringen oder fernzuhalten: Satan.

2. Wir sehen nicht, was hinter den Kulissen dieser Welt geschieht. Es gibt eine für uns unsichtbare Auseinandersetzung zwischen Gott und seinem Widersacher Satan.

3. Wegen des bösen Handelns von Menschen, wegen Kriegen und Terroranschlägen, wegen des Wirkens Satans und seiner Engel (der Dämonen) und wegen Naturkatastrophen leiden auch viele „unschuldige" Menschen oder kommen zu Tode.

4. Wir Menschen können den Hintergrund mancher Ereignisse jetzt noch nicht verstehen.

---

* Näheres zur Erfahrung Hiobs und dessen Hintergrund siehe Kap. 16 im Buch *Allmächtig? Ohnmächtig? Gerecht?* von Gerhard Padderatz, Advent-Verlag, Lüneburg (mehr dazu siehe S. 134).

Aber Gott hat uns einiges über den Ursprung des Bösen auf der Welt mitgeteilt.

Wie das Böse auf der Erde Eingang fand

Kehren wir noch einmal zurück zum Anfang der Bibel. Das erste Kapitel beschreibt eine von Gott geschaffene, vollkommene Welt. Im zweiten Kapitel wird von dem ersten Menschenpaar berichtet, das in einem paradiesischen Garten lebte. Gott sagte Adam und Eva, dass sie die Früchte von allen Bäumen im Garten Eden essen dürften, nur nicht vom „Baum der Erkenntnis des Guten und Bösen", sonst würden sie sterben (1. Mose 2,17 NLB).

Im dritten Kapitel wird berichtet, dass Eva zu diesem Baum ging. Dort hörte sie plötzlich eine verführerische Stimme: „Hat Gott wirklich gesagt: ,Ihr dürft die Früchte von den Bäumen im Garten nicht essen'?"

Es war ein wundervolles, schlangenartiges Wesen, das Eva aus dem Baum ansprach. Eva antwortete: „Natürlich dürfen wir sie essen, nur nicht die Früchte von dem Baum in der Mitte des Gartens. Gott hat gesagt: ,Esst nicht davon, berührt sie nicht, sonst müsst ihr sterben!'"

„Nein, nein, ihr werdet bestimmt nicht sterben", behauptete die Schlange. „Aber Gott weiß: Sobald ihr davon esst, werden euch die Augen aufgehen; ihr werdet wie Gott sein und wissen, was gut und was schlecht ist." (1. Mose 3,1–5) Nun stand Aussage gegen Aussage, und Eva stand vor der Entscheidung, entweder Gott zu vertrauen oder der Schlange.

Von dieser Schlange heißt es, dass sie „das listigste von allen Tieren" war (1 Mose 3,1a NLB), denn sie war ein Medium Satans, des Feindes Gottes (vgl. Offenbarung 12,9). Satan nutzte den Vorteil, den Eva ihm geboten hatte, als sie behauptete, dass Gott auch das Anrühren

der Frucht vom Baum der Erkenntnis verboten hatte (was nicht stimmte). Die Schlange pflückte einfach eine Frucht ab und drückte sie Eva in die Hand. Nach eigener Aussage hätte Eva nun sterben müssen, aber das geschah nicht.

Nun war Eva verwirrt; die Schlange schien Recht zu haben. Und so entschied sich Eva dafür, von dieser Frucht zu essen, und gab sie dann auch Adam. Um seine Frau nicht zu verlieren, schloss er sich ihrem Ungehorsam gegenüber Gottes Gebot an.*

Das war der Augenblick, in dem sich alles auf dieser Erde veränderte: Mit der Übertretung des Gebotes Gottes (in der Bibel „Sünde" genannt) hielt das Böse mit all seinen Folgen auf der Welt Einzug. Dazu gehören

* Näheres zum „Sündenfall" der ersten Menschen siehe *Allmächtig? Ohnmächtig? Gerecht?*, Kap. 7.

Schmerzen, Krankheiten und der Tod (siehe 1. Mose 3,16–19); denn mit ihrem Ungehorsam hatten sich Adam und Eva von Gott, dem Schöpfer und Erhalter des Lebens, getrennt. Doch woher kam Satan (auch Teufel genannt) überhaupt? Auch darüber gibt die Bibel Auskunft.

Der Beginn der Auseinandersetzung

Gott zeigte dem Propheten Hesekiel, wie einer der höchsten Engel (Cherubim genannt) angefangen hatte, sich gegen Gott aufzulehnen. Über den heißt es: „Du warst untadelig in deinem Verhalten von dem Tag an, als du geschaffen wurdest, bis zu dem Tag, als Unrecht bei dir entdeckt wurde ... Deine Schönheit hat dein Herz zum Hochmut verführt. Du hast deine Weisheit verdorben, weil dir dein Glanz so wichtig war." (Hesekiel 28,15.17 NLB)

Dem Propheten Jesaja wurde gezeigt, welche Absichten dieser Engel hatte. „Ich werde zum Himmel aufsteigen und mir einen Thron über den Sternen [Engeln] Gottes machen ... Ich werde mich dem Höchsten gleichmachen." (Jesaja 14,13.14) Er wollte selbst wie Gott sein (was er später Eva versprach) und über die anderen Engel herrschen.

In der lateinischen Vulgata-Bibel wird dieser Engel „Luzifer" (der Scheinende, Vers 12) genannt; diesen Ausdruck benutzen wir heute noch für den Teufel bzw. Satan. Gott hatte Luzifer als vollkommenen Engel mit wunderbaren Fähigkeiten geschaffen und ihm eine hohe Stellung im Himmel gegeben. Aber Luzifer rebellierte aus egoistischen Motiven gegen Gott und machte sich selbst zum Satan (Widersacher).

Jesus sagte zu seinen Jüngern: „Ich sah den Satan wie einen Blitz vom Himmel fallen." (Lukas 10,18) Es ist dieser gefallene Engel, der in der Geschichte Hiobs als Widersacher Gottes auftrat und Hiob anklagte, Gott aus egoistischen Motiven treu zu sein (ganz typisch: die eigenen Motive werden anderen untergeschoben). Satan war auch derjenige, der im Garten Eden in Gestalt einer Schlange mit Eva sprach.

Hinter den Kulissen der Menschheitsgeschichte spielt sich also ein großes Drama ab: Luzifer hatte sich gegen Gott aufgelehnt; er wollte selbst wie Gott sein. Er hatte zu viel auf seine eigene „Schönheit" geblickt, die ihn „zum Hochmut verführte" (Hesekiel 28,17 NLB) und dabei Gott – seinen Schöpfer – aus den Augen verloren. Die Folgen waren Selbstsucht, Eigenmächtigkeit, Auflehnung gegen Gott. Und damit begannen das Böse und alles Leid.*

Der Preis der Freiheit und der Liebe

Wie konnte es überhaupt zu dieser Rebellion kommen? Um diese Frage beantworten zu können, müssen wir uns daran erinnern, welche besonderen Fähigkeiten Gott den Menschen gegeben hat. Als er sie mit der Fähigkeit zu eigenständigen Entscheidungen ausstattete, wollte er bestimmt, dass sie sie auch gebrauchen, denn auf diese Weise würden sie ihren Charakter entwickeln und moralisch stark werden. Hätte Gott gewollt, dass die Menschen ihm blind gehorchen und jeden Befehl befolgen, ohne Fragen zu stellen, hätte er Wesen wie Marionetten erschaffen können. Wer sich nicht frei entscheiden kann, macht keine Fehler und tut nichts, was er später bereuen muss.

---

* Näheres zur Rebellion Luzifers siehe *Allmächtig? Ohnmächtig? Gerecht?*, Kap. 3; und Ellen G. White, *Die Geschichte, die die Welt verändert(e)*, Advent-Verlag, Lüneburg 2010, Kap. 1 (siehe S. 135).

Ohne die Fähigkeit frei zu entscheiden, kann es allerdings keine echte Liebe geben. Drohungen oder Belohnungen können andere zwar dazu bewegen, Zeit mit uns zu verbringen oder etwas für uns zu tun; aber wenn sie nicht aus freien Stücken unser Freund sein möchten, kann keine liebevolle Beziehung entstehen.

Da Gott nicht nur die Menschen, sondern auch die Engel mit Entscheidungsfreiheit geschaffen hat, und weil er den größten Wert auf Vertrauen und Liebe legt, können wir verstehen, warum Luzifer und die anderen Engel gegen Gott rebellieren konnten. Das ist der Preis der Freiheit und der Liebe! Und ein Drittel der Engel ist tatsächlich Luzifer gefolgt, als er sich selbst zum Widersacher und Feind Gottes (zum *satanas*) machte.*

Warum das Böse noch am Wirken ist

Die typisch menschliche Reaktion auf eine Rebellion ist, die Rebellen auszuschalten. Warum hat Gott das nicht getan? Er hatte Luzifer geschaffen; ihn auszuschalten konnte also für ihn nicht schwer sein. Doch dies war keine Frage der Macht; es ging um etwas anderes, das wichtiger ist.

Was wäre geschehen, wenn Gott Luzifer sofort vernichtet hätte? Welche Wirkung hätte das gehabt? Die Engel hätten Gott dann nur aus Angst gehorcht und hätten in ständiger Furcht vor Strafe gelebt. Das wäre das Ende der Liebe und echter Freiheit gewesen. Und Gehorsam aus Angst oder Druck erzeugt den Charakter eines Rebellen (oder eines Duckmäusers). Manche Eltern haben diese Wahrheit schmerzlich erfahren. Nach der Vernichtung Luzifers wäre also irgendwann die nächste Rebellion eines anderen Engels gekommen. Die Vernichtung Luzifers war daher nicht nur keine Lösung des Problems, sondern hätte es nur noch verschlimmert.

Das Einzige, das Gott machen konnte, wenn er seinen Prinzipien treu bleiben wollte, war – wie im Fall Hiobs – Satan wirken zu lassen. An den Folgen seines Handelns würden die wahren Absichten und der wahre Charakter Satans deutlich werden. Der hatte behauptet, die Prinzipien, nach denen Gott handelt und das Universum lenkt, verbessern zu können; es musste offenbar werden, dass er dabei nur eigensüchtige Ziele hatte: Er wollte selbst angebetet werden wie Gott. Sein eigenes Wirken musste seinen wahren Charakter entlarven.

Nachdem Satan Eva im Garten Eden dazu verführt hatte, Gott zu misstrauen und dessen Gebot zu übertreten, behauptete er, dass die Menschen nun ihm gehören. Da sie sich seiner eigenen Auflehnung gegen Gott angeschlossen hatten, seien sie nun seine Untertanen. Seither ist die Erde sein Wirkungsort. Jesus bezeichnete ihn als den „Herrscher dieser Welt" (Johannes 12,31).

Als Adam und Eva Gottes Gebot übertreten hatten, veränderte sich alles. Gott hatte sie davor gewarnt, von der Frucht des einen Baumes zu essen, weil das den Tod zur Folge haben würde. Und so kam es auch. Von dem Augenblick an, als Adam und Eva ihrem Schöpfer nicht mehr vertrauten, fingen sie an zu altern, und schließlich starben sie. Statt eines langen, ewigen Lebens in Gesundheit gab es nun Krankheiten, Schmerzen und den Tod. Auch in der Natur kam manches durcheinander: Es wuchsen nun zum Beispiel Dornen auf den Zweigen von Sträuchern (1. Mose 3,18). Gewalttaten, Kriege und Naturkatastrophen waren spätere Folgen des Sündenfalls der ersten Menschen.

Fazit

Die Frage, woher das Leid auf dieser Welt kommt, bewegt fast jeden Menschen. Die Bibel lässt diese Frage keinesfalls offen: Es gibt nicht nur einen liebenden Schöpfergott, sondern auch einen „Widersacher", Satan. Dieser verführte das erste Menschenpaar zum Bruch mit dem Schöpfer und sät seitdem Misstrauen ins Herz der Menschen. Darunter leiden nicht nur unsere Beziehungen untereinander, sondern auch unsere Beziehung zu Gott.

Die Folgen dieses Bruches („Sünde") und des Misstrauens sind Krankheit, Leid und Tod. Bis heute.

Warum Gott diese Entwicklung nicht verhindert und warum er Satan nicht vernichtet hat, das war unter anderem Inhalt dieses Kapitels. Eine weitere Frage ist bisher offen geblieben: Wurde Gott von diesem Geschehen „überrascht" oder war er darauf vorbereitet? Gab es eine Möglichkeit, die Liebe und die Freiheit zu retten und den nie endenden Kreislauf von Bösem, Leiden und Tod zu unterbrechen?

Es gab sie. Und es gab sogar einen fertigen Plan dafür. Den sollen Sie im nächsten Kapitel kennenlernen.

Eine unfassbare Rettungs- aktion

6 Stellen Sie sich einmal folgende Situation vor. Sie gehen auf dem Bürgersteig einer belebten Straße einer Großstadt; an der Hand haben Sie Ihr Kind, das Sie lieben. „Siehst du die Autos vorbeirasen?", fragen Sie. „Geh nicht auf die Straße; bleib bei mir auf dem Bürgersteig! Dann passiert dir nichts."

Sie gehen weiter und kommen an einer finsteren Gasse vorbei. Sie machen Ihr Kind auf sie aufmerksam und sagen: „Siehst du das? Geh nie in eine solche dunkle Gasse hinein. Dort können gefährliche Leute sein, die dir wehtun wollen. Bleib bei mir."

Als Sie weitergehen, lässt das Kind immer wieder Ihre Hand los, um sich die Auslagen in den Schaufenstern anzusehen. Dann landet eine Taube in Ihrer Nähe. Ihr Kind reißt sich von Ihrer Hand los und läuft auf den Vogel zu. Sie müssen in diesem Moment einem Mann mit einer sperrigen Last ausweichen und sehen gerade noch, dass die Taube auf eine Straßeneinmündung zuhüpft und das Kind ihr folgt. „Halt!", rufen Sie. „Bleib stehen! Geh nicht weiter!"

Aber erneut müssen Sie einen Schritt zurückgehen, um einer Radfahrerin auszuweichen. Sie sehen, wie die Taube in der Nebenstraße verschwindet und das Kind ihr nachläuft. „Nein!", rufen Sie, so laut Sie können, und rennen hinterher. Aber als Sie an die Straßenecke kommen, ist das Kind nirgends zu sehen. Sie rufen nach ihm, schauen hinter jeden Müllcontainer und in jeden Hauseingang.

Dann sehen Sie durch einen dunklen Durchgang und erstarren vor Schreck. Ihr Kind steht weiter hinten vor einer Mauer, umringt von einer Schlägerbande. Ein großer Junge lässt sein Messer auf- und zuschnappen; ein anderer zieht einen Schlagstock über seine Handfläche und geht auf das Kind zu.

Was sollen Sie jetzt tun? Sie könnten …
- zunächst abwarten und nichts unternehmen;
- um Hilfe rufen und hoffen, dass ein Polizist kommt;
- die Jungen anschreien, sie sollen das Kind in Ruhe lassen, und hoffen, dass sie das auch tun;
- versuchen, einzugreifen und Ihr Kind aus der Situation zu retten – selbst wenn Sie damit Ihr eigenes Leben aufs Spiel setzen.

Was würden Sie in dieser Situation tun?

Es ist unfassbar, wie Gott sich uns Menschen gegenüber in einer vergleichbaren Situation verhielt!

Bevor er ein Mensch wurde

Die meisten Menschen kennen die Weihnachtsgeschichte. Es geht darin um die Geburt von Jesus – um seine Mutter Maria, die wegen einer römischen Steuerschätzung hochschwanger mit ihrem Mann Josef nach Bethlehem ziehen musste. Sie fanden dort nirgends einen Schlafplatz, sodass ihr Kind in einem Stall geboren wurde. Bei Nacht kamen Schafhirten, die von Engeln über die Geburt des Erlösers unterrichtet worden waren (nachzulesen in Lukas 2,1–14).

Aber die Geschichte von Jesus beginnt eigentlich schon viel, viel früher. Im Schöpfungsbericht finden wir eine merkwürdige Formulierung (hier hervorgehoben): „Dann sprach Gott: ‚Nun wollen *wir* Menschen machen, ein Abbild von *uns*, das *uns* ähnlich ist!'" (1. Mose 1,26) Mit wem sprach Gott? Wer war mit „wir" und „uns" gemeint?

Aufgrund der klaren Aussagen im Neuen Testament glauben Christen, dass der Sohn Gottes an der Schöpfung der Welt beteiligt war und selbst Gott ist. Paulus schrieb über Jesus:

> „ Christus ist das Bild des unsichtbaren Gottes.
> Er war bereits da, noch bevor Gott irgendetwas
> erschuf, und ist der Erste [vor] aller Schöpfung.
> Durch ihn hat Gott alles erschaffen, was im Himmel
> und auf der Erde ist. Er machte alles, was wir sehen,
> und das, was wir nicht sehen können, ob Könige,
> Reiche, Herrscher oder Gewalten. Alles ist durch ihn
> und für ihn erschaffen. Er war da, noch bevor alles
> andere begann, und er hält die ganze Schöpfung
> zusammen. " (Kolosserbrief 1,15–17 NLB)

Jesus nannte Gott meistens seinen „Vater". Sowohl Gott,
der Vater, als auch sein Sohn, der in Jesus auf unfassbare Weise Mensch wurde, waren an der Schöpfung der
Welt beteiligt.

Wie wir im letzten Kapitel erfahren haben, gab es eine
Rebellion im Himmel. Gott wusste, dass auch die Menschen – wie alle anderen von ihm mit Entscheidungsfreiheit geschaffenen Wesen – vor der Herausforderung
standen, Gott zu vertrauen oder auf die Lügen Satans
zu hören. Eva ließ sich von ihm in Gestalt einer Schlange zum Misstrauen gegenüber Gott verführen. Indem sie
und auch Adam das ausdrückliche Gebot Gottes übertra-
ten, begaben sie sich auf einen Weg, auf dem nicht nur
sie selbst, sondern auch ihre Kinder und alle späteren
Nachkommen Schmerzen, Unheil und den Tod erleiden.
Sie hatten sozusagen die Hand der Mutter oder des Vaters losgelassen, waren eigenwillig in die dunkle Gasse
gegangen und sahen sich nun mit Unheil, Feindschaft
und dem Tod konfrontiert.

So wie in der obigen Geschichte der Vater (oder die
Mutter) nun vor einer großen Herausforderung stand, so
gab es auch für Gott, den Vater und den Sohn, mehrere

Möglichkeiten, auf den Vertrauensbruch und den Ungehorsam seiner Geschöpfe zu reagieren. Gott hätte tatenlos zusehen können, wie die Menschen leiden, sich gegenseitig bekämpfen und umbringen – sie also einfach den unabwendbaren Konsequenzen ihres Verhaltens überlassen können. Er hätte die Menschen so dem Universum als warnendes Beispiel vor Augen gestellt, um anderen intelligenten Geschöpfen (wie den Engeln) klarzumachen, was sie erwartet, wenn sie sich gegen seinen Willen auflehnen. Damit hätten aber auch alle gesehen, wie wenig ihm die Beziehung zu den Menschen am Herzen liegt, und es wäre deutlich geworden, dass ihm die Menschen und deren Wohlergehen letztlich gleichgültig sind.

Gott hätte auch Satan, die mit ihm rebellierenden Engel und die ungehorsamen Menschen auslöschen können. Das hätte – wie bereits ausgeführt – jedoch allen anderen vernunftbegabten Geschöpfen gezeigt, dass es in Wirklichkeit keine echte Freiheit gab, und sie hätten Gott aus Angst und nicht mehr aus Liebe gedient. Damit wäre der Grundstein für eine weitere Rebellion gelegt worden.

Aber der Vater und der Sohn handelten nicht so, sondern wählten einen Weg zur Lösung des Konfliktes, der ihrem innersten Wesen entsprach. Sie hatten in weiser Voraussicht einen gut vorbereiteten Plan für diese Welt und alle betroffenen Geschöpfe gelegt, den wir hier in fünf Schritten darstellen können. Die Umsetzung würde kein leichter Weg sein und viel Zeit, Opfer und Geduld in Anspruch nehmen, aber sie würde das Problem des Bösen nachhaltig lösen, und das Misstrauen und den Aufruhr gegen Gott (und die daraus folgende Trennung von ihm) für alle Zeiten aus dem Universum schaffen.

Eine fünfteilige Rettungsaktion

Teil 1: das Versprechen Gottes. Noch bevor Adam und Eva den Garten Eden verlassen und ein Leben in einer Welt mit Dornen und anstrengender Arbeit beginnen mussten, hörten sie, wie Gott die Schlange verfluchte und ankündigte, dass einer von Evas Nachkommen der Schlange (also Satan) „den Kopf zertreten" würde (1. Mose 3,15). In den Büchern des Alten Testamentes (die vor allem die Geschichte des Volkes Israel und dessen Hin und Her zwischen der Treue zu Gott und der Auflehnung gegen seinen Willen erzählen) versprach Gott wiederholt, dass er einen Retter (den *Messias*) senden wird, der allem Leiden ein Ende bereitet und sein Volk von Sünde und Tod errettet.

Als die Israeliten gegen andere Völker und Nationen um die Kontrolle über das Land Kanaan kämpften, beteten sie um das Kommen eines mächtigen Streiters, der sie von ihren Feinden retten sollte. Als später das Land der Juden* vom Römischen Reich beherrscht wurde, beteten sie, dass ein neuer König in ihren Reihen aufstehen und sie befreien möge.

* Juda war praktisch der einzige überlebende der zwölf Stämme des Volkes Israel; Benjamin war in ihm aufgegangen.

Teil 2: der Dienst des Messias. Gottes Rettungsplan ist unfassbar anders: Der Sohn Gottes erniedrigte sich selbst und kam als Mensch auf diese Erde! Durch göttliches Wirken, das jenseits unseres Vorstellungsvermögens ist, wurde Maria aus Nazareth schwanger und Jesus als ein menschliches Baby geboren. Er wuchs auf als Mensch, lebte als Mensch und zeigte, wie ein Leben in enger Verbindung mit Gott und in Übereinstimmung mit dessen Lebensordnungen aussieht.

Sein Leben verlief zunächst wie das Leben aller jungen Juden in jener Zeit: Jesus wohnte zu Hause, ging in die Synagoge und arbeitete im Familienbetrieb. Aber als die Zeit gekommen war, zog er durchs Land, um den Leuten zu erklären und durch sein Verhalten und seine Heilungen zu demonstrieren, wie Gott ist. Er sprach ganz anders über Gott als die Lehrer und Leiter der jüdischen Religion. Vor allem lehrte er, dass Gott jeden Menschen liebt und das Beste für ihn will (siehe z. B. Matthäus 5,44–45). Er zog durchs Land und lehrte alle, die ihm zuhörten.

Die Menschenmengen, die Jesus folgten, wurden immer größer. Er heilte die Kranken, machte Blinde sehend und befreite Menschen von der Herrschaft Satans (Matthäus 4,23–25).

Das Markusevangelium berichtet von einem Gelähmten in der Stadt Kapernaum. Er war bei Ärzten gewesen und hatte Priester befragt; alle hatten ihm immer nur zu verstehen gegeben, dass er schuldig und von Gott verflucht sei. Eines Tages hörte er von Jesus und dessen Heilungen. Neue Hoffnung erwachte, und der Gelähmte bat seine Freunde, ihn zu Jesus zu bringen.

An dem Tag sprach Jesus im Inneren eines Hauses zu den Leuten. Seine Jünger saßen zu Füßen ihres Meisters und hörten ihm zu. Es waren auch einige religiöse Lehrer da; sie waren gekommen, um etwas zu finden, was sie gegen Jesus verwenden konnten. Um das Haus hatte sich eine große Menschenmenge versammelt, die ihm durch die offenen Fenster zuhörte.

Die Freunde des Gelähmten versuchten, sich mit der Trage, auf der der Gelähmte lag, einen Weg durch die Menschenmenge zu bahnen, aber es war unmöglich. Sie waren drauf und dran, die Hoffnung, bis zu Jesus zu gelangen, aufzugeben; da hatte einer die Idee, ihn über das begehbare Flachdach (das die meisten Häuser in den Städten damals hatten) in das Innere des Hauses zu bringen. Seine Freunde trugen ihn also auf das Dach, öffneten es an einer Stelle und ließen den Gelähmten auf der Trage nach unten, direkt vor die Füße von Jesus.

Als er den flehenden Blick des Gelähmten sah, wusste er, was der am dringendsten brauchte. „Mein Sohn", sagte er, „deine Sünden sind dir vergeben." (Markus 2,5 NLB) Das war Musik in dessen Ohren. Auf einmal war seine Niedergeschlagenheit wie weggeblasen. Ihm war seine Schuld vor Gott vergeben! Er spürte Frieden in seinem Herzen.

Die anwesenden Religionslehrer aber waren sich völlig sicher, dass der Gelähmte ein von Gott verfluchter Sünder war und Jesus deshalb soeben eine Blasphemie begangen hatte: „Was nimmt der sich heraus! Das ist eine Gotteslästerung! Nur Gott kann den Menschen ihre Schuld vergeben, sonst niemand!", flüsterte einer den anderen zu (Vers 6).

„Jesus las in ihren Gesichtern, was sie dachten. ‚Was macht ihr euch da für Gedanken? Was ist leichter – diesem Gelähmten zu sagen: ‚Deine Schuld ist dir vergeben', oder: ‚Steh auf, nimm deine Matte und geh umher'? Aber ihr sollt sehen, dass der Menschensohn die Vollmacht hat, hier auf der Erde Schuld zu vergeben!' Und er sagte zu dem Gelähmten: ‚Ich befehle dir: Steh auf, nimm deine Matte und geh nach Hause!'" (Verse 7–11)

Es war dieselbe Stimme, die bei der Schöpfung gesprochen hatte und Leben schuf. Jetzt erneuerte sie den Körper des Mannes, dem seine Sünden vergeben worden waren. Der sprang auf, so munter wie ein Jüngling. Mit erstarkten Muskeln hob er seine Trage auf, verließ das Haus und ging mitten durch die Menge. Die Leute machten ihm Platz und flüsterten einander zu: „So etwas haben wir noch nie gesehen!" (Vers 12)

Vieles, was Jesus lehrte, erschien ihnen seltsam und zugleich zu wunderbar, um wahr zu sein. Zum Beispiel gebot er etwas, das viele Beziehungsprobleme in Familien und Gemeinschaften grundsätzlich lösen kann, und erklärte, das sei die Quintessenz der Gebote Gottes: „Behandelt die Menschen so, wie ihr selbst von ihnen behandelt werden wollt." (Matthäus 7,12) Wie würde die Welt aussehen, wenn wir nach diesem Grundsatz leben würden?

Teil 3: der stellvertretende Tod des Erlösers. Jesus versprach den Menschen, sie von der Herrschaft Satans und der Knechtschaft sündiger Gewohnheiten zu befreien und ihnen ein ewiges Leben zu geben, wenn sie ihm vertrauen und seinen Verhaltensprinzipien folgen würden. Jesus widerstand allen Versuchungen Satans und blieb ohne Schuld vor Gott; aber für unsere Erlösung musste er das Problem unserer Schuld vor Gott lösen.

Bereits im Paradies hatte der Sohn Gottes den Menschen angekündigt, dass sie sterben würden, wenn sie seine Gebote missachten (1. Mose 2,16–17). Das konnte auch nicht anders sein, weil Ungehorsam („Sünde") uns vom heiligen Gott abgrundtief trennt (vgl. Jesaja 59,2). Da er die Quelle des Lebens ist, hat die Trennung unweigerlich den Tod zur Folge – den irdischen und den zweiten (ewigen) Tod. Der Apostel Paulus erklärte: „Der Lohn der Sünde ist der Tod; das unverdiente Geschenk Gottes dagegen ist das ewige Leben durch Christus Jesus." (Römerbrief 6,23 NLB) Doch dazu musste Jesus diese Strafe für die Sünde stellvertretend für alle Menschen auf sich nehmen.

Die religiösen Leiter der Juden hassten Jesus, weil er mit seinen Lehren ihre Autorität untergrub und sie als Heuchler entlarvte (siehe Matthäus 23). Die Leute folgten nun ihm, statt auf sie zu hören. Daher stellten sie Jesus nach und versuchten, eine Rechtfertigung zu finden, um ihn aus dem Weg zu schaffen. Schließlich verhafteten sie ihn heimlich mitten in der Nacht und verurteilten ihn im Morgengrauen in einem zweifelhaften Gerichtsverfahren zum Tode. Sein Bekenntnis, er sei Gottes Sohn, sahen sie als Gotteslästerung an.

Sie verklagten ihn dann beim römischen Statthalter Pontius Pilatus (denn nur er durfte ein Todesurteil ver-

hängen), indem sie behaupteten, Jesus sei ein Aufrüh-
rer, der den Anspruch erhebe, der König der Juden zu
sein. Unter Druck gesetzt, verurteilte Pilatus Jesus zum
Tod am Kreuz, der schrecklichsten und schändlichsten
Hinrichtungsart, die es gab. (Nachzulesen in Johannes
18,12 bis 19,22.)

Jesus wurde also von römischen Soldaten wie ein
Schwerverbrecher an ein hölzernes Kreuz genagelt. Stellen wir uns das Unfassbare vor: Der Sohn Gottes hätte mit seiner göttlichen Macht seinen Peinigern jederzeit
Einhalt gebieten oder einfach unverletzt vom Kreuz he-
rabsteigen können (wozu ihn die spottenden jüdischen
Hohenpriester sogar aufforderten, siehe Matthäus 27,41–
43). Aber Jesus tat das nicht, sondern litt freiwillig unfassbar schreckliche Qualen am Kreuz, weil er uns Menschen retten wollte.

Das waren nicht dieselben Qualen, wie sie die beiden Verbrecher rechts und links neben ihm an ihrem Kreuz erlebten, denn Jesus durchlitt die völlige Trennung von Gott als Strafe für unsere Schuld vor Gott. Dies kam in seinem Schrei am Kreuz zum Ausdruck: „Mein Gott, mein Gott, warum hast du mich verlassen?" (Matthäus 27,46) Wie erwähnt, trennt Sünde von Gott, und diese Trennung erlebte Jesus nun zum ersten Mal ganz real; denn er hatte ja immer in ungetrübter Verbindung mit seinem Vater im Himmel gestanden.

Paulus erklärte: Gott hat Jesus, „der von keiner Sünde wusste, für uns zur Sünde gemacht, damit wir in ihm die Gerechtigkeit [erlangen], die vor Gott gilt", was Schulderlass und ewiges Leben bedeutet (2. Korintherbrief 5,17 LB). Mit anderen Worten: Jesus trat an unsere Stelle, nahm auf sich, was wir verdient haben, damit wir gerettet werden. Dieses Motiv des Opfers eines Einzelnen zum Wohl aller ist heutzutage das Thema einiger bekannter Hollywoodfilme.

In den Berichten der Evangelien über die Kreuzigung von Jesus steht, dass es mittags plötzlich stockfinster wurde (Matthäus 27,45). Das war ein Bild des inneren Grauens in Jesus: Das Licht des Himmels war ihm ausgegangen. Aber Gott, der Vater, ließ die grausame Kreuzigung und das unfassbare Leiden seines einzigartigen Sohnes geschehen, weil er die Menschen liebte und sie retten wollte – koste es, was es wolle. Das war der „Preis", den der Vater und der Sohn bezahlt haben, um uns Menschen von der Verdammnis, dem ewigen Tod, zu retten.

Als Gott Adam und Eva davor warnte, die Früchte vom Baum der Erkenntnis zu essen, weil sie dann sterben müssten, sprach er vom zweiten, ewigen Tod – der unwiederbringlichen Trennung vom Schöpfer des Lebens.

Als die beiden dann doch davon gegessen hatten, begannen der Vater und der Sohn, den Rettungsplan in die Tat umzusetzen. Solange die Menschen schuldig und von Gott getrennt waren, konnten sie nicht mehr ewig leben. Aber als Jesus den zweiten Tod erlitten und sich für die Menschen geopfert hatte, konnten alle, die sein sühnendes Opfer als Geschenk annehmen, ihm vertrauen und nachfolgen, wieder Gottes Kinder werden und das ewige Leben verliehen bekommen.

Teil 4: die Auferstehung von Jesus. Er starb zwar am Kreuz als der größte Sünder, aber er selbst hatte sich zu keiner Zeit von seinem Vater getrennt; er hatte während seines Erdenlebens keine Sünde begangen und alle Gebote seines Vaters gehalten; deshalb war er ohne eigene Schuld. Daher konnte er am dritten Tag nach seinem Tod aus dem Felsengrab auferstehen, in das zwei seiner reichen Freunde seinen Leichnam gelegt hatten (siehe Johannes 19,38–42).

Das leere Grab

Jesus hatte dieses unfassbare Geschehen einige Monate zuvor mit folgenden Worten beschrieben:

> „Der Vater liebt mich, weil ich bereit bin, mein Leben zu opfern, um es aufs Neue zu erhalten. Niemand kann mir das Leben nehmen. Ich gebe es aus freiem Entschluss. Es steht in meiner Macht, es zu geben, und auch in meiner Macht, es wieder an mich zu nehmen. Damit erfülle ich den Auftrag meines Vaters."
> (Johannes 10,17–18)

Damit gilt das Versprechen, das er dann gab:

> „Ich bin die Auferstehung und das Leben. Wer mich annimmt, wird leben, auch wenn er stirbt, und wer lebt und sich auf mich verlässt, wird niemals [den zweiten Tod] sterben, in Ewigkeit nicht."
> (Johannes 11,25–26)

Alle, die seit den Tagen Adams und Evas an den Messias geglaubt, seine Rettung an- und seinen Willen ernst genommen haben, werden einst zum ewigen Leben auferstehen.

Fazit

Der Bruch in der Beziehung des ersten Menschenpaares zu Gott (der sogenannte „Sündenfall") hatte zur Folge, dass ihre Nachkommen bis heute sich gegen Gott und seine Lebensordnungen auflehnen, weil sie ihm misstrauen oder ihn ignorieren. Durch die Sünde von der Quelle des Lebens getrennt, sind alle Menschen dem Tod ausgeliefert.

Gott hätte die Menschen aufgeben und vernichten können. Aber das tat er nicht, weil er sie zu sehr liebt. Diese Liebe ist das Motiv und die Grundlage seines Rettungsplanes. Der Sohn Gottes wurde in Jesus ein Mensch wie wir, um uns zu zeigen, wie Gott wirklich ist, und uns zu retten. Er nahm stellvertretend die Strafe auf sich, die wir verdient haben. Mit seinem unfassbaren Opfer am Kreuz ebnete er uns den Weg zurück zum Vater; mit seiner Auferstehung ermöglicht er allen, die ihm vertrauen und folgen, ein Leben, das kein Ende hat und frei ist von Leid und Tod.

Was ist der fünfte Schritt des Erlösungsplanes? Wie wird er vollendet werden? Darauf geht das nächste Kapitel ein.

Rettung
von oben

7 Die Bergleute, die in der Kupfer- und Goldmine in San José in Chile arbeiteten, hatten schon seit längerer Zeit bemerkt, dass die ganze Gesteinsformation nicht mehr stabil war. Diese Mine war seit 1889 in Betrieb und übermäßig ausgeschachtet worden. Die Arbeiter hörten oft ungewöhnliche Geräusche und ein Rumpeln von Gestein. Nach einigen Unfällen in der Vergangenheit hatten die Besitzer der Anlage wiederholt Bußgelder wegen Sicherheitsmängel bezahlen müssen. Die Sicherheitsauflagen wurden jedoch nur teilweise erfüllt; ein Wetterschacht wurde zum Beispiel nicht mit Leitern zum Ein- und Aussteigen („Fahrten") ausgestattet. Aber die Männer waren froh, überhaupt Arbeit zu haben, und so fuhren sie jeden Tag in die Mine ein in der Hoffnung, dass das Gestein um sie herum stabil bleiben würde.

Der 5. August 2010 begann für 33 Minenarbeiter wie jeder andere Arbeitstag. Doch plötzlich krachte es gewaltig; 700 000 Tonnen Gestein kamen ins Rutschen und blockierten zwischen der 44-Meter-Sohle und der 105-Meter-Sohle den fünf Kilometer langen Wendelgang, durch den Lastwagen das abgebaute Erz aus der Grube brachten. Nach einem vergeblichen Versuch, durch einen Wetterschacht nach oben zu gelangen (auf der 235-Meter-Sohle kamen sie nicht weiter, weil eine Rettungsleiter fehlte), zogen sich die Männer in etwa 700 Meter Tiefe zurück, weil sich dort ein Schutzraum befand (5 mal 15 Meter groß), der mit einem Vorrat an Sauerstoff, Wasser und Nahrungsmitteln ausgestattet sein sollte. Doch das war nur mangelhaft der Fall. Sie begriffen, dass sie sich aus eigener Anstrengung nicht retten konnten; ihre einzige Hoffnung war eine Rettungsaktion von oben.

Unter dem Druck der chilenischen Öffentlichkeit übernahm die Regierung die Such- und Rettungsarbeiten. An neun verschiedenen Stellen wurden gleichzeitig Rettungsbohrungen angesetzt; vier davon waren auf den Schutzraum gerichtet. Man hoffte, irgendwo die Minenarbeiter zu erreichen. 17 Tage nach dem Grubenunglück bemerkte ein Bohrarbeiter, dass seine Bohrmaschine ohne Widerstand arbeitete. Sie ließen das Bohrgestänge absenken und maßen eine Hohlraumhöhe von 3,80 Metern. Daraufhin wurden alle Maschinen abgestellt und dreimal auf das Bohrgestänge geschlagen. Gleich darauf hörte man Schläge als Antwort. Vier Stunden dauerte das Heraufziehen des 108-teiligen Bohrgestänges von 688 Metern Länge. Am Ende befand sich eine mit Klebeband befestigte Plastiktüte, die zwei Schriftstücke enthielt: den Brief eines Bergmanns an seine Familie und einen Zettel, auf dem stand: „Uns geht es gut im Schutzraum. Die 33.“

Die Angehörigen waren von Freude überwältigt. Nahrungsmittel, Wasser und Medikamente wurden zu den Männern nach unten geschickt, und zwar in extra angefertigten Röhren, die durch die engen Bohrlöcher passten, die zusätzlich gebohrt wurden. Eine Sprech- und Videoverbindung wurde eingerichtet, sodass die Eingeschlossenen mit der Rettungsmannschaft und ihren Familienangehörigen kommunizieren konnten.

Dann begann die eigentliche Rettungsarbeit. Die chilenische Regierung koordinierte den Einsatz eigener Leute und der Experten von mehr als einem Dutzend Bergbaugesellschaften aus aller Welt. Drei große internationale Teams machten sich mit ihren schweren Geräten an die Arbeit. Sie bohrten das eine Loch weiter auf, damit es

breit genug wurde, dass ein spezielles Rettungsgerät hindurch passte. Nach 69 dunklen Tagen in der Tiefe konnten alle 33 Männer in einer modifizierten „Dahlbuschbombe" (die schon bei der Rettung dreier deutscher Bergleute 1963 in Lengede eingesetzt worden war) ans Tageslicht befördert werden. Mehr als eine Milliarde Menschen verfolgten das live im Fernsehen oder via Internet.

Teil 5: die Rettung aus dem Himmel

Im ersten Buch der Bibel ist zu lesen, wie schnell es mit der Harmonie und dem Frieden auf der Erde vorbei war. Als die ersten Menschen Gottes Gebot übertreten hatten, waren alle in einer Welt der Sünde gefangen – einer Welt voller Angst, Gewalt, Krankheit und Tod. So wie die chilenischen Bergarbeiter hatten sie keine Möglichkeit, sich selbst zu befreien. Ihre einzige Hoffnung war die Rettung von oben.

Der fünfteilige Rettungsplan Gottes begann mit einem Versprechen und mit Ankündigungen. So begann auch der fünfte Teil der Rettungsaktion. Als Jesus noch bei seinen Jüngern war, sprach er von dem Tag, an dem ihre Rettung aus der Welt der Sünde, des Bösen und des Leides Realität werden würde – dem Tag, an dem er alle, die ihn als Retter angenommen, ihm vertraut und nach seinen Prinzipien gelebt haben, endgültig erlöst.

Jesus sagte zu ihnen:

> „Es gibt viele Wohnungen im Haus meines Vaters,
> und ich gehe voraus, um euch einen Platz
> vorzubereiten. Wenn es nicht so wäre, hätte ich
> es euch dann so gesagt? Wenn dann alles
> bereit ist, werde ich kommen und euch holen,
> damit ihr immer bei mir seid, dort, wo ich bin. "
>
> (Johannes 14,2–3 NLB)

Im Neuen Testament finden wir viele Versprechen und
Vorhersagen, die sich auf die Wiederkunft von Jesus beziehen. Oft ist dabei vom „Ende der Welt" die Rede, weil
Jesus bei seiner Wiederkunft die Weltgeschichte, wie wir
sie kennen, beenden und alle Folgen der Sünde beseitigen wird.

Anzeichen des Endes der Weltgeschichte

Als die Jünger Jesus fragten, woran sie erkennen könnten, dass das Ende der Welt nahe ist, nannte er ihnen einige Zustände, die dann herrschen würden:

- Kriege, Hungersnöte und Erdbeben werden geschehen.
- Falsche Propheten werden verkehrte Lehren verbreiten.
- Es werden Leute auftreten, die behaupten, sie seien
  der versprochene Retter.
- Die gute Nachricht von der Erlösung durch Jesus wird
  in der ganzen Welt verkündet werden; und dann wird
  er wiederkommen. (Vgl. Matthäus 24,3–14.24–26.)

Haben sich diese Anzeichen schon erfüllt?

Kriege hat es zwar immer gegeben, aber erst im vorigen
Jahrhundert waren im Ersten und Zweiten Weltkrieg viele
Nationen der Erde gleichzeitig daran beteiligt. Seitdem

sind kriegerische Auseinandersetzungen zwar auf kleinere Gebiete begrenzt, aber es sind Atomwaffen entwickelt worden, die Millionen Menschen auf einmal töten und weite Gebiete unseres Planeten völlig zerstören können.

Nach wie vor gibt es Hungersnöte; oft sind es Bürgerkriege, die die Not der Menschen verschlimmern, weil Hilfe sie nicht erreicht. In manchen Ländern verhungern täglich Tausende Menschen, obwohl es auf der Welt genügend Nahrungsmittel gibt, um alle zu sättigen.

Das große Erdbeben von Lissabon im Jahr 1755 war nur der Anfang einer Reihe großer Naturkatastrophen. Erdbeben ereigneten sich laut der Statistiken in den letzten Jahrzehnten immer häufiger und richteten immer größere Schäden an. Das Erdbeben und die folgenden Tsunamiwellen im Indischen Ozean Ende 2004 gehören zu den schlimmsten Naturkatastrophen in der gesamten Geschichte der Menschheit; es starben dabei über 230 000 Menschen. Das Erdbeben auf Haiti im Januar 2010, das weite Teile der Hauptstadt Port au Prince zerstörte, forderte sogar über 315 000 Menschenleben.

Wenn wir nachforschen, finden wir viele Leute, die behaupten, im Namen Gottes zu sprechen. Sie verdrehen dabei die Aussagen der Bibel oder verkünden aggressive Botschaften, die nicht mit dem Geist und der Lehre von Jesus übereinstimmen. Biblisch ausgedrückt sind diese Leute „falsche Propheten". Fernsehen, Rundfunk und Internet geben ihnen die Möglichkeit, ihre Botschaften weit zu verbreiten. Es hat auch allerlei geistliche Leiter gegeben, die behauptet haben, sie seien der Messias und würden ihre Anhänger erlösen.

Ein markantes Anzeichen der nahenden Wiederkunft, das Jesus nannte, ist jedoch sehr erfreulich: Die gute Nachricht von seiner Erlösung und seiner Absicht, den

Menschen ein ewiges Leben auf einer erneuerten Erde zu ermöglichen, wird weltweit verbreitet! Der größte Teil der Weltbevölkerung kann heute ohne weiteres Informationen über Jesus erhalten – ganz gleich, wo die Menschen leben und welche Sprache sie sprechen.

Leben wir heute in der letzten Zeit der Weltgeschichte? Vieles deutet darauf hin. Wir können also hoffen, dass Jesus bald wiederkommt. Aber noch ist es nicht so weit.

Betet den Schöpfer an!

Das letzte Buch der Bibel enthält eine spezielle Botschaft für die Zeit vor der Wiederkunft. Es wird dort vorhergesagt, dass sie „allen Bewohnern der Erde … allen Völkern und Nationen, den Menschen aller Sprachen" verkündet wird (Offenbarung 14,6). Zu dieser Botschaft von der Erlösung durch Christus gehört ein spezieller Aufruf:

> „Habt Achtung vor Gott und gebt ihm die Ehre, denn die Stunde ist gekommen, in der er Gericht halten wird. Betet den an, der Himmel und Erde, das Meer und alle Wasserquellen gemacht hat! " (Vers 7 NLB)

Viele Menschen haben keine Ehrfurcht vor Gott oder lassen ihn in ihrem Leben links liegen. Andere halten den Gedanken, einmal Gott für ihren Lebenswandel Rechen-

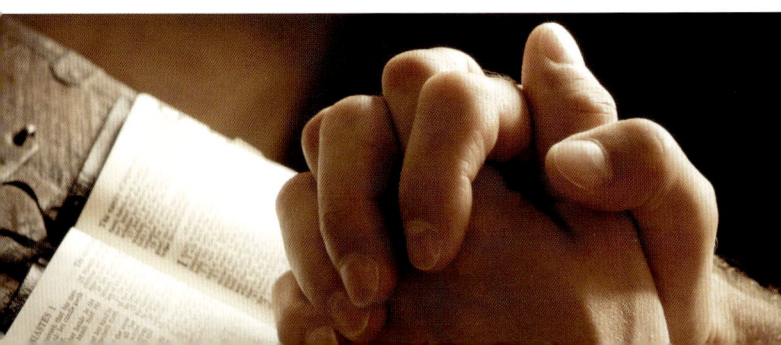

schaft geben zu müssen, für Unsinn. Sie meinen, weil sich das Universum zufällig entwickelt habe, gäbe es keinen Gott, dem sie einst begegnen werden. Wir sehen also, wie aktuell diese Aufforderungen sind, obwohl sie vom Apostel Johannes vor über 1900 Jahren niedergeschrieben wurden, als er sie von Christus erhielt.

Interessanterweise wird laut dieser Botschaft die Frage nach der Schöpfung Gottes und damit nach dem Ursprung der Menschheit in der letzten Zeit vor der Wiederkunft von Jesus eine wichtige Rolle spielen. Da Gottes Gericht im Himmel begonnen hat, sind die Menschen herausgefordert, Stellung zu beziehen. Es wird sich zeigen, wer Gott in seinem Leben ernst nimmt und Christus vertraut.

Aus Liebe zu den Menschen, die lieblos behandelt oder gar vernichtet wurden, übernimmt der Schöpfer nun die Rolle des Richters. Jesus hat seinen Jüngern deshalb deutlich das Gericht und seine eigene Rolle dabei angekündigt und ihnen die Rettungsmöglichkeit gezeigt:

„ Seine ganze richterliche Macht hat der Vater dem Sohn übergeben; er selbst spricht über niemand das Urteil. Denn alle sollen den Sohn ebenso ehren wie den Vater. Wer den Sohn nicht ehrt, ehrt auch den Vater nicht, der ihn gesandt hat.
Ich versichere euch: Alle, die auf mein Wort hören und dem glauben, der mich gesandt hat, haben das ewige Leben. Sie kommen nicht mehr vor Gottes Gericht; sie haben den Tod schon hinter sich gelassen und das unvergängliche Leben erreicht.
Ich versichere euch: Die Stunde kommt ... dass die Toten die Stimme des Gottessohnes hören werden, und wer sie hört, wird leben. Wie der Vater der Geber des Lebens ist, so hat er auch dem Sohn

Macht verliehen, Leben zu geben. Und er hat dem Sohn die Macht verliehen, Gericht zu halten, weil er der Menschensohn ist.
Wundert euch nicht darüber! Die Stunde kommt, da werden alle Toten in den Gräbern seine Stimme hören und ihre Gräber verlassen. Alle, die Gutes getan haben, werden auferstehen, um das [ewige] Leben zu empfangen, und die Böses getan haben, um verurteilt zu werden. " (Johannes 5,22–29)

Wer zu welcher Gruppe gehört – ob zu den Erlösten oder den Verlorenen –, das wird im Gericht vor der Wiederkunft von Christus selbst entschieden, denn er kennt die Menschen, die ihm treu gefolgt sind. Es wird nicht nach der Menge der guten und bösen Taten entschieden, sondern nach der grundsätzlichen Ausrichtung, die im Leben der Menschen, die sich zu Gott und zu Jesus bekennen, sichtbar geworden ist (siehe Römerbrief 2,5–10).

Dabei ist Christus nicht nur der Richter, sondern auch unser Fürsprecher. Das klingt für uns heute merkwürdig, aber im alten Israel gab es keine Trennung zwischen Richtern, Staats- und Rechtsanwälten, wie das heute der Fall ist. Jesus erwähnte die Aufgabe eines Richters in Israel in einer Geschichte (siehe Lukas 18,2–8). Im alttestamentlichen Rechtswesen musste der Richter den Angeklagten gegen den Kläger verteidigen, er sollte ihm Recht verschaffen. Nur wenn die Schuld des Verklagten eindeutig durch mehrere Zeugen erwiesen war, durfte und musste der Richter ihn verurteilen.

Nach diesem Prinzip des von Gott gestifteten Gerichtssystems läuft auch das Gericht vor der Wiederkunft von Jesus ab. Der Apostel Johannes hat an die Christen geschrieben:

> „ Sollte aber jemand schuldig werden, so haben wir
> einen, der beim Vater für uns eintritt: Jesus Chris-
> tus ... der ohne Schuld ist. Durch seinen Tod hat er
> Sühne für unsere Schuld geleistet, ja sogar für die
> Schuld der ganzen Welt. " (1. Johannesbrief 2,1–2)

Alle werden Jesus kommen sehen

Die Zeit des Endes dieser Weltgeschichte wird die span-
nendste und bedrohlichste Zeit sein, die man sich vorstellen kann. Viele Menschen werden falschen Religionen, der Esoterik oder einem verfälschten Christentum
anhängen. Religiöse Führer werden falsche Lehren verbreiten. Aber wenn das geschieht, wissen die Nachfolger
von Christus, dass seine Wiederkunft bevorsteht.

Woran können sie erkennen, dass der wahre Messias
gekommen ist und nicht ein falscher? Jesus warnte:

> „ Wenn dann jemand zu euch sagt:
> „Seht her, hier ist Christus, der versprochene Retter!",
> oder: „Dort ist er!" – glaubt ihm nicht. Denn es werden
> so manche mit dem Anspruch auftreten, der ver-
> sprochene Retter oder ein Prophet zu sein. Sie wer-
> den sich durch große und Aufsehen erregende
> Wunder ausweisen und würden damit sogar die von
> Gott Erwählten irreführen, wenn das möglich wäre.
> Denkt daran, dass ich es euch vorausgesagt habe!
> Wenn also die Leute zu euch sagen: „Draußen in
> der Wüste ist er", dann geht nicht hinaus! Oder wenn
> sie sagen: „Er ist hier und hält sich in einem Haus
> verborgen", dann glaubt ihnen nicht! Denn der Men-
> schensohn wird *für alle sichtbar kommen,* wie ein
> Blitz, der von Ost nach West über den Himmel zuckt. "

(Matthäus 24,23–27; Hervorhebung hinzugefügt)

Alle lebenden Menschen werden Jesus also wiederkommen sehen. Das wird auch im letzten Buch der Bibel angekündigt: „Alle werden ihn sehen." (Offenbarung 1,7a NLB; vgl. Matthäus 24,30–31) Seine Wiederkunft wird nicht irgendwo im Verborgenen geschehen – alle Menschen werden Jesus kommen sehen! Eine der packendsten Beschreibungen stammt vom Apostel Paulus:

> Der Herr selbst wird mit einem lauten Befehl, unter dem Ruf des Erzengels und dem Schall der Posaune Gottes vom Himmel herabkommen. Dann werden zuerst alle Gläubigen, die schon gestorben sind, aus ihren Gräbern auferstehen. Und mit ihnen zusammen werden auch wir Übrigen, die noch auf der Erde leben, auf den Wolken hinaufgehoben werden in die Luft, um dem Herrn zu begegnen und in Ewigkeit bei ihm zu bleiben.
>
> (1. Thessalonicherbrief 4,16–17 NLB)

Alle Gläubigen, die seit den Tagen Adams und Evas gestorben sind, werden mit einem neugeschaffenen Körper auferstehen (siehe 1. Korinther 15,42–46). Dann werden sie befreit sein von allen Krankheiten und Beeinträchtigungen, unter denen sie im Leben gelitten haben, und werden für immer bei Gott sein – zusammen mit allen treuen Nachfolgern von Christus, die als Lebende Jesus wiederkommen sehen. Die werden ebenfalls einen neuen, herrlichen Körper erhalten (siehe Verse 51–54). Gemeinsam werden sie alle mit Christus und seinen Engeln in den Himmel fahren.

Fazit

Wenn Jesus wiedergekommen ist und allem Bösen, aller Sünde, allem Leiden und auch dem Tod ein Ende gesetzt hat, ist die unfassbare Rettungsaktion Gottes abgeschlossen. Dann werden alle Menschen, die Christus vertraut haben und ihm treu gefolgt sind, ewig bei ihm sein, wie er es versprochen hat.*

Aber die Geschichte der Erlösung ist damit noch nicht zu Ende. Wir haben unsere Reise bei der Erschaffung der Erde begonnen. Jetzt werden wir den Kreis schließen, denn es wird eine Neuschöpfung geben.

* Näheres zur Wiederkunft von Christus, dem Gericht und der Auferstehung siehe *Allmächtig? Ohnmächtig? Gerecht?*, Kap. 11–13.

Die neu
geschaffene
Welt

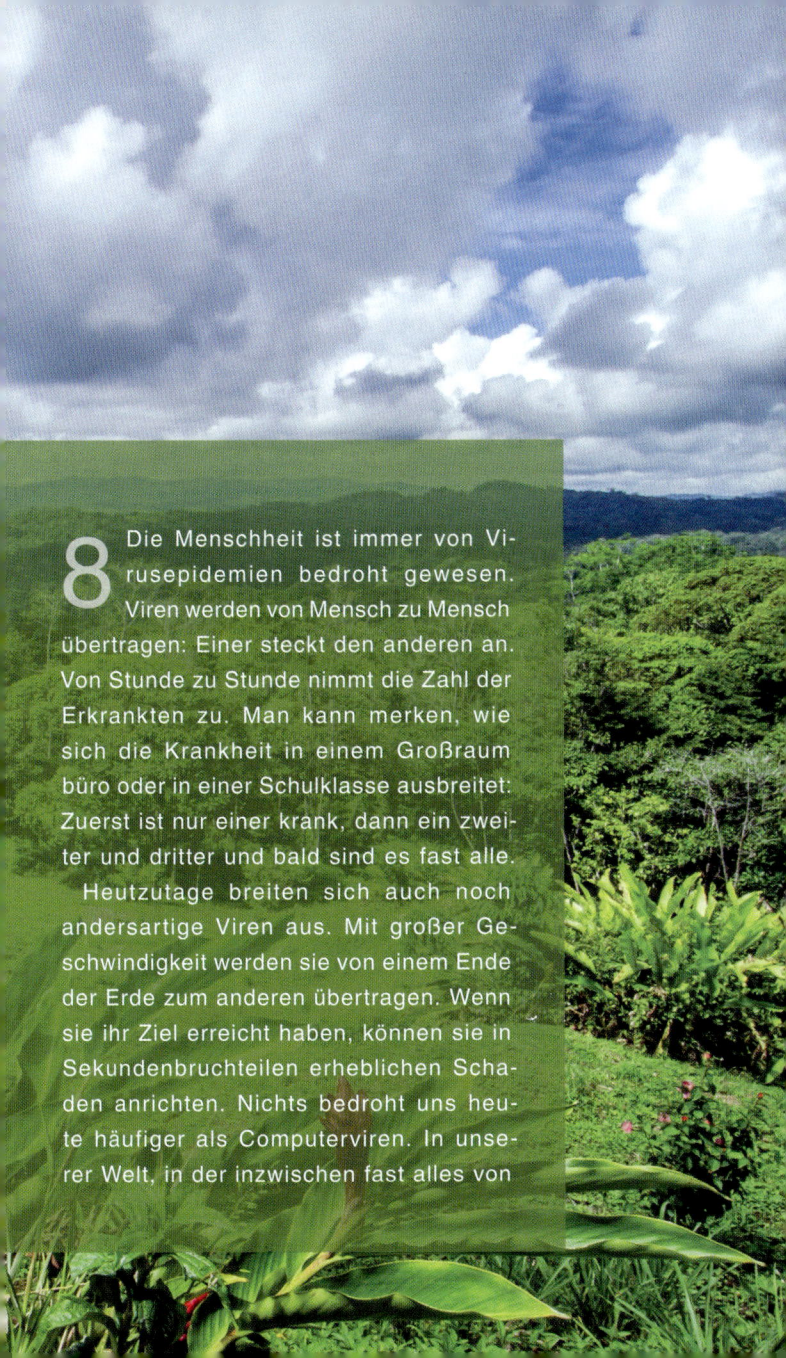

8 Die Menschheit ist immer von Virusepidemien bedroht gewesen. Viren werden von Mensch zu Mensch übertragen: Einer steckt den anderen an. Von Stunde zu Stunde nimmt die Zahl der Erkrankten zu. Man kann merken, wie sich die Krankheit in einem Großraumbüro oder in einer Schulklasse ausbreitet: Zuerst ist nur einer krank, dann ein zweiter und dritter und bald sind es fast alle.

Heutzutage breiten sich auch noch andersartige Viren aus. Mit großer Geschwindigkeit werden sie von einem Ende der Erde zum anderen übertragen. Wenn sie ihr Ziel erreicht haben, können sie in Sekundenbruchteilen erheblichen Schaden anrichten. Nichts bedroht uns heute häufiger als Computerviren. In unserer Welt, in der inzwischen fast alles von

Computern abhängt, kann ein destruktiver Virus in den Systemen ein Chaos verursachen.

Zu den ersten sich selbst verbreitenden Viren gehört der Melissa-Virus, der 1999 in Umlauf kam. Wenn er sich in einem Computer festgesetzt hatte, wurde er mit jeder neuen E-Mail auf 50 weitere Rechner übertragen. Auf diese Weise breitete er sich so rasend aus, dass sogar Unternehmen wie Microsoft ihre Server vorübergehend stilllegen mussten.

Im Jahr 2000 befiel der ILOVEYOU-Virus viele Computer. Er breitete sich ebenfalls per E-Mails aus, zerstörte Dateien und machte den Weg frei für einen endlosen Strom unerwünschter Junkmails. In nur neun Tagen waren 50 Millionen Computer infiziert. Mehrere militärische Einrichtungen mussten ihr Netzwerk stilllegen, bis dieser Virus unschädlich gemacht war.*

Durch Viren geschädigte Computersysteme können meist vollständig wiederhergestellt werden; wenn der Virus beseitigt ist, arbeiten sie wieder genauso wie vorher.

Reinigung und Neuanfang der Erde

Etwas Ähnliches geschieht mit unserem Planeten. Ursprünglich war die Erde schön und vollkommen – frei von Krankheit, Leid und Tod. Dann wurde sie mit dem Sündenvirus infiziert – der Auflehnung gegen Gott und dem Ungehorsam gegenüber seinen Geboten. Die Folgen dieser Infektion wurden schnell sichtbar: Obst verdarb, Blumen verwelkten, Insekten stachen – und Menschen starben.

Aber der Schöpfergott ist – wie wir gesehen haben – ein Gott der Beziehungen. Er schuf Menschen mit besonderen Fähigkeiten; sie sollten ihm ähnlich sein. Er

* www.technewsdaily.com/2909-10-worst-computer-viruses-history.html

schuf keine Marionetten, die weder denken noch entscheiden können, sondern freie, vernunftbegabte Menschen, die seine Freunde sein sollten. Als der Virus der
Sünde sich ausbreitete, begann Gott – der Vater und der
Sohn – den fünfteiligen Rettungsplan in die Tat umzusetzen. Der Sohn Gottes kam als Mensch auf die Erde. Er
zeigte, wie sein Vater wirklich ist, opferte sich am Kreuz
für die Schuld der Menschen und nahm ihre verdiente
Strafe auf sich. Damit schuf er ein Mittel gegen den Sündenvirus. Wenn der Sohn Gottes am Ende der Weltgeschichte ein zweites Mal auf die Erde kommt, werden der
Sündenvirus und alle, die ihn bewusst ausbreiten (also
Böses tun), vernichtet werden und keinen Schaden mehr
anrichten können.

Wie Jesus wiederkommen wird, haben wir bereits angesprochen. Wir können es uns kaum vorstellen, wie der
ganze Himmel erleuchtet sein wird von seiner herrlichen
Erscheinung – heller als die Sonne – und die verstorbe-
nen Menschen, die ihm vertraut haben, mit einem neuen
Körper aus ihren Gräbern hervorkommen und ihm von

Engeln entgegengebracht werden (siehe Matthäus 24,31). Die treuen Christen, die leben, wenn er wiederkommt, werden verwandelt und ebenfalls zu ihm gebracht. Dann sind nur noch diejenigen auf der Erde, die Jesus bis zuletzt abgelehnt haben oder ihm untreu geworden sind. Sie werden den Glanz seiner göttlichen Herrlichkeit nicht ertragen und daher sterben (siehe 2. Mose 24,17; 33,20; 2. Thessalonicherbrief 1,8–10).

Dem Apostel Johannes wurde gezeigt, dass nach der Wiederkunft eine lange Zeit folgen wird, in der die Erlösten in der „heiligen Stadt" Gottes – dem „neuen Jerusalem" – im Himmel sein werden (Offenbarung 21,2.16). Dort wird ihnen Christus das Schicksal aller verlorenen Menschen erklären. Dadurch werden sie erkennen, wieso seine Entscheidungen gerechtfertigt sind und dass alle Verlorenen es selbst versäumt haben, die Rettungsmöglichkeit von Herzen zu ergreifen, die ihnen zu Lebzeiten angeboten worden war. Die Erde ist währenddessen von Menschen entvölkert; Satan und die Dämonen dürfen die Erde nicht verlassen, sind also quasi „gefesselt" (siehe Offenbarung 20,1–4).

Am Ende dieser Zeit wird Jesus die Erlösten im neuen Jerusalem auf die Erde bringen. Die verlorenen Menschen werden auferstehen, wie er es angekündigt hat (siehe Johannes 5,28–29; zitiert auf Seite 94), jedoch keinen unsterblichen Körper erhalten. Sie werden ihr Gerichtsurteil – ewiger Tod – verkündet und begründet bekommen und dann für immer sterben; ebenso auch Satan und die Engel, die sich auf seine Seite gestellt haben (siehe Offenbarung 21,2; 20,5.9–15).

Dann wird die ganze Erde von allen Spuren des Sündenvirus gereinigt und in den vollkommenen, paradiesischen Zustand versetzt, in dem sich der Garten Eden nach der ersten Schöpfung befand. Der Apostel Johannes beschrieb, was Christus ihm darüber gezeigt hatte:

> „ Dann sah ich einen neuen Himmel und eine neue Erde. Der erste Himmel und die erste Erde waren verschwunden und das Meer war nicht mehr da. Ich sah, wie die Heilige Stadt, das neue Jerusalem, von Gott aus dem Himmel herabkam. Sie war festlich geschmückt wie eine Braut für ihren Bräutigam. "
> (Offenbarung 21,1–2)

Es ist kein neuer Planet, aber eine erneuerte Erde – neu geschaffen für die Menschen! Und dieses Mal wird auf ihr Gott selbst mit ihnen zusammen wohnen! Nichts Negatives von der alten Erde wird auf der neuen zu finden sein, wie Johannes erklärte:

> „ Er wird bei ihnen wohnen und sie werden sein Volk sein und Gott selbst wird bei ihnen sein. Er wird alle ihre Tränen abwischen, und es wird keinen Tod und keine Trauer und kein Weinen und keinen Schmerz mehr geben. Denn die erste Welt mit ihrem ganzen Unheil ist für immer vergangen. "(Verse 3b-4 NLB)

Wie wird es auf der neuen Erde sein?

Stellen Sie sich einmal einen Ort voller Frieden vor – vielleicht einen weißen Strand mit dem leisen Rauschen der Wellen oder einen Gebirgsbach und eine sanfte Brise, die die Blätter der Bäume leise bewegt; vielleicht auch eine schneebedeckte Landschaft mit einem strahlenden Himmel darüber.

Das klingt wunderbar. Aber wie lange könnten Sie das betrachten, ohne etwas zu tun – mehrere Stunden oder einen Tag? Vielleicht eine Woche, wenn Ihre Freunde dabei sind? Aber früher oder später werden Sie sich langweilen. Wir Menschen sind nicht dazu geschaffen, lange Zeit nichts zu tun und uns dennoch wohlzufühlen, sondern dazu, etwas zu machen oder zu kreieren, herumzureisen oder Vorhaben zu verwirklichen.

Wenn Leute über den „Himmel" sprechen, stellen sie sich oft vor, dass man dort auf einer Wolke sitzt, auf einer Harfe spielt oder im Chor mitsingt. Aber so ist es nicht auf der neuen Erde, die die Bibel beschreibt.

Als die Juden fern ihrer Heimat im Exil in Babylon leben mussten, wurden dem Propheten Jesaja Bilder der künftigen neuen Erde gezeigt, die ihre Sehnsüchte beschrieben:

> „Sie werden sich Häuser bauen und auch
> darin wohnen können. Sie werden Weinberge
> pflanzen und selbst den Ertrag genießen.
> Sie sollen nicht bauen und pflanzen und sich
> lebenslang mühen, nur damit andere den
> Gewinn davon haben. Alt wie Bäume sollen
> sie werden, die Menschen in meinem Volk,
> und den Lohn ihrer Arbeit selbst genießen!
> Sie werden sich nicht vergeblich abmühen.
> Die Frauen gebären ihre Kinder nicht länger für
> eine Zukunft voller Schrecken. Sie sind mein
> Volk, ich segne sie; darum werden sie mit ihren
> Kindern leben. " (Jesaja 65,21–23)

„Himmel" bedeutete für die Juden im Exil, ein eigenes Haus zu haben, eigene Felder, die sie bearbeiten, und deren Früchte sie selbst ernten konnten, und Sicherheit für ihre

Kinder.

Jesaja schilderte die neue Erde als einen Ort, an dem man keine Angst vor wilden Tieren Angst zu haben braucht:

> „ Wolf und Lamm werden dann gemeinsam weiden,
> der Löwe frisst Häcksel wie das Rind …
> Auf dem Zion, meinem heiligen Berg,
> wird keiner mehr Böses tun und Unheil stiften. "
> (Vers 25)

Ein Ort also, an dem man sich sicher und zu Hause fühlen kann. Niemand muss Angst haben vor Dieben, Mördern oder irgendwelchen Naturgewalten. Alle wissen, dass ihre Familien immer genug zu essen haben und stets in Harmonie leben werden. Klingt das unfassbar? Und ob!

Und wie steht es dann um die Gesundheit der Menschen? Auch davon schrieb Jesaja:

„Dann können die Blinden wieder sehen
und die Tauben wieder hören.
Dann springt der Gelähmte wie ein Hirsch
und der Stumme jubelt vor Freude." (Jesaja 35,5–6)

Da alle, die auferstanden sind oder lebendig verwandelt wurden, einen neuen, unvergänglichen Körper bekommen werden, wird es auch keine körperlichen Defekte und Beeinträchtigungen geben. Jeder wird in der Kraft seiner ewigen Jugend leben – der Traum vieler Menschen heute, die viel Geld ausgeben, damit er für ein paar Jahre in Erfüllung geht.

Was werden wir auf der neuen Erde tun?

Was würden Sie gern auf einer neuen Erde tun? Wonach sehnen Sie sich – außer Frieden, Sicherheit, Gesundheit, genügend Zeit, keinen Stress und ein Leben ohne Konflikte, Verletzungen, Leiden, Krankheiten und den Tod?

Möchten Sie die Wunder der Schöpfung Gottes besser verstehen, die Natur erforschen oder sich die Naturge-

setze erklären lassen? Würden Sie gern im Universum herumreisen und mit eigenen Augen Sterne und Galaxien betrachten?

Vielleicht interessieren Sie in erster Linie Menschen, und Sie würden gern viel Zeit mit denen verbringen, die Sie lieben, die allzu früh verstarben und mit denen Sie nun wieder vereint sind; oder mit Familienangehörigen, die so weit entfernt von Ihnen gewohnt haben, dass Sie sie nur selten sehen konnten. Nun haben Sie alle Zeit der Welt, sie zu besuchen und mit ihnen zu reden!

Und wie ist es mit entfernten Verwandten, die Sie nie kennengelernt haben – Ihre Urgroßeltern zum Beispiel und deren Großeltern? Möchten Sie mehr erfahren über deren Leben und die Zeit, in der sie gelebt haben? Sie könnten alle Ihre Vorfahren kennenlernen – bis zurück zu Adam und Eva!

Vielleicht möchten Sie auch mehr über die Geschichte der Menschheit wissen. Würden Sie gern mit manchen gläubigen Königen, Naturforschern oder Entdeckern sprechen?

Vielleicht haben Sie auch tiefer gehende Fragen zum Inhalt der Bibel. Möchten Sie vielleicht Paulus oder einen anderen Verfasser fragen, was er mit manchen Aussagen gemeint hat? Möchten Sie mit einem der ersten Jünger von Jesus sprechen und sich ausführlich erzählen lassen, wie das damals war, als Jesus auf der Erde lebte?

Oder würden Sie gern zuhören, wenn Menschen erzählen, wie sie erkannt haben, dass Jesus der Erlöser ist, welche Erfahrungen sie mit ihm gemacht haben und wie er ihr Leben verändert hat? Oder möchten Sie selbst gern anderen erzählen, was Sie mit Gott erlebt haben?

Vielleicht sind Sie ja auch weniger am Reden und Zuhören als am Tun interessiert. Möchten Sie endlich in aller Ruhe kreativ sein, sich einer Sache widmen und etwas erschaffen? Oder sind Sie jemand, der gern mit anderen zusammen etwas spielt und Spaß hat?

Es gibt unendlich viele Möglichkeiten auf der neuen Erde. Eine Autorin, von deren Büchern viele Leser für ihr Leben mit Jesus profitiert haben, beschrieb die Möglichkeiten auf der neuen Erde folgendermaßen: „Jede Anlage wird entwickelt werden, jede Fähigkeit zunehmen. Die wachsenden Erkenntnisse werden weder das Gedächtnis ermüden noch die Tatkraft erschöpfen. Die größten Unternehmungen können ausgeführt, die erhabensten Bemühungen erreicht, die höchsten Ambitionen verwirklicht werden. Und doch gibt es immer neue Höhen zu erklimmen, neue Wunder zu bestaunen, neue Wahrheiten zu erfassen, und neue Aufgaben werden die Kräfte des Geistes, der Seele und des Körpers entwickeln. Alle Schätze des Weltalls werden den Erlösten zur Erforschung offenstehen."*

Was würden Sie Gott fragen wollen?

Das Wunderbarste auf der neuen Erde ist jedoch, dass der Vater und der Sohn bei den Menschen wohnen werden, wie wir bereits gelesen haben. Wir werden sie nicht nur sehen, sondern auch mit ihnen sprechen können!

Welche Fragen würden Sie Jesus dann gern stellen? Vielleicht, wie das mit Luzifer war, als er sich gegen ihn auflehnte? Vielleicht kommen Jesus sogar die Tränen, wenn er diese Frage beantwortet.

Oder würden Sie ihn bitten, mehr über die Erschaffung der Erde zu erzählen? Er kann Ihnen sicher erklären, wie er das gemacht hat, dass die Erde die Sonne weder zu nahe noch in zu großer Entfernung umkreist, und die Atmosphäre ausreicht, um das Leben auf der Erde zu schützen, aber nicht so ausgedehnt ist, dass es auf der

* Ellen G. White, *Die Geschichte, die die Welt verändert(e)*, S. 90 f.

Erde zu warm wird. Oder wie er das Grundmuster der Erb-
information in der DNA so gestaltet hat, dass es für alle
Lebensformen verwendet werden konnte, und nur kleine
Veränderungen an den DNA-Strängen genügten, um verschiedene Tierarten entstehen zu lassen.

Vielleicht hätten Sie Fragen zu seinen Lieblingskrea-
turen, den Menschen. Wie kommt es, dass wir logisch
denken und kreativ sind? Möchten Sie Gott fragen, wie
wichtig es ihm war, uns mit Entscheidungsfreiheit aus-
zustatten? Und wie können wir am besten sein Wesen
widerspiegeln? Die Antwort auf diese Frage wissen wir
heute schon: „Indem ihr einander liebt." (Siehe Johannes
13,34; 15,12)

Früher oder später werden wir Jesus wohl auch fragen:
„Warum liebst du uns so sehr?" Er wird wahrscheinlich

antworten: „Weil das mein Wesen ist. ‚Gott ist die Liebe‘ – das hat schon mein Jünger Johannes völlig richtig
erkannt und geschrieben." (Vgl. 1. Johannesbrief 4,8.16)

Fazit

Die biblischen Propheten, die die neue Erde beschrieben
haben, versuchten in Worte zu fassen, wovon sie nur einen Blick erhascht hatten, weil es jenseits ihrer geistigen
Fähigkeiten lag, es vollkommen zu verstehen. Sie wollten
zum Ausdruck bringen, was die neue Erde für ihre Zeitge-
nossen bedeutete.

Auch wir können nur versuchen, uns vorzustellen, wie
wunderbar es auf der erneuerten Erde sein wird, wie ein
Leben ohne Enttäuschungen, Verletzungen, Lügen, Neid,
Missgunst, ohne Leiden, Schmerzen und Tod sein wird.
Zu verstehen, was auf Gottes neuer Erde auf uns wartet,
liegt jenseits unserer Möglichkeiten, wie schon Paulus
schrieb: „Kein Auge hat je gesehen, kein Ohr je gehört
und kein Verstand je erdacht, was Gott für diejenigen be-
reithält, die ihn lieben." (1. Korintherbrief 2,9 NLB)

Aber wir können sicher sein: Es wird noch wunderbarer sein, als wir es uns jemals vorstellen können! Einfach
unfassbar! Es lohnt sich, danach zu streben, dort hinzu-
kommen und für immer bei Jesus zu sein.

Um die Menschen an seine Schöpfung und seine Erlösung zu erinnern und an seinen Plan, eine neue Erde
zu schaffen, hat Gott der Menschheit etwas Besonderes
geschenkt, das weitgehend in Vergessenheit geraten ist.
Im folgenden Kapitel erfahren Sie mehr.

Ein besonderer
Gedenktag

9 Damit die Menschen ihren Schöpfer nicht vergaßen, richtete er für sie laut dem Schöpfungsbericht einen besonderen Tag ein. Dort lesen wir:

„Am siebten Tag hatte Gott sein Werk vollendet und ruhte von seiner Arbeit aus. Und Gott segnete den siebten Tag und erklärte ihn zu einem heiligen Tag, der ihm gehört, denn an diesem Tag ruhte Gott, nachdem er sein Schöpfungswerk vollbracht hatte." (1. Mose 2,2–3)

Können Sie sich vorstellen, dass Gott wirklich erschöpft war, als er unseren Planeten gestaltet und alle Lebewesen

erschaffen hatte? Der Prophet Jesaja schrieb. „Der Herr ist ein ewiger Gott, der Schöpfer der ganzen Erde. Er wird nicht matt oder müde." (Jesaja 40,20 NLB) Warum also „ruhte" Gott am siebten Tag der Schöpfungswoche?* Und warum erwähnt es der Bericht so ausführlich?

Vielleicht, weil zwar nicht Gott diese Ruhe brauchte, wohl aber die Menschen? Sicher nutzte Gott diesen Ruhetag, um Adam und Eva zu erklären, woher sie kamen und wozu sie da waren. (Woher sollten sie das sonst wissen?) Und ganz bestimmt haben die beiden ihren direkten Umgang mit ihrem Schöpfer an diesem Tag sehr genossen.

Wir spiegeln einen grundlegenden Wesenszug Gottes wider, wenn wir seinem Beispiel folgen und an sechs Tagen arbeiten, aber den siebten Tag der Pflege der Beziehung zu Gott und unseren Nächsten widmen. Ganz sicher entgehen wir auf diese Weise der Gefahr, uns nur auf das Überleben zu konzentrieren oder nur für unseren Lebensunterhalt zu arbeiten.

Das Ruhen ist für uns segensreich

Welch ein großartiges Geschenk ist der Ruhetag! Er bringt uns eine Menge Gutes, wenn wir ihn einhalten.
Sicher wusste Gott, dass ...

- unsere Fähigkeiten, etwas zu schaffen und Probleme zu lösen, dazu führen können, dass wir zu viele Stunden am Tag arbeiten;
- unser Schaffensdrang oder das Bedürfnis, nichts zu versäumen, uns dazu verleiten kann, abends zu lange aufzubleiben und nicht genug Schlaf zu bekommen;

---

* Das hebräische Wort für „ruhen" (schabar), das in 1. Mose 2,2.3 gebraucht wird, bedeutet eigentlich „mit etwas aufhören"; das tat Gott ja tatsächlich.

- die Angst zu versagen oder das Streben nach Erfolg oder Gewinn Unruhe, Hektik und Stress in das Leben bringen;
- wir leicht die Arbeit für wichtiger halten als die Pflege von Beziehungen;
- wir Menschen in der Gefahr stehen, zu vergessen, wem wir das Leben und alles Gute verdanken.

Gott wusste, dass unsere Beziehung zu ihm und unseren Nächsten darunter leiden würde, wenn es keine feste Gewohnheit gäbe, innezuhalten und Zeit füreinander zu haben. Und er wusste im Voraus, dass wir nach dem Sündenfall jede Woche eine Auszeit brauchen, um uns von den Anstrengungen und dem Stress der täglichen Arbeit zu erholen. Gott hatte Adam ja angekündigt: „Deinetwegen ist der Acker verflucht. Mit Mühsal wirst du dich davon ernähren, dein Leben lang … Viel Schweiß musst du vergießen, um dein tägliches Brot zu bekommen." (1. Mose 3,17b.19a)

Wenn wir das Geschenk des Ruhetages, das uns Gott jede Woche anbietet, annehmen, indem wir die Alltagsarbeit beiseitelassen, zur Ruhe kommen und unsere Beziehungen pflegen, segnet Gott unser Leben in dreifacher Hinsicht:

1. Wir haben Zeit, mit unserem Schöpfer Gemeinschaft zu pflegen, ihm zu danken, ihn anzubeten und über sein Wesen und Handeln nachzudenken. Es ist unfassbar, dass der unvorstellbar mächtige und kreative Gott so großen Wert auf eine vertrauensvolle Beziehung zu uns Menschen legt, wie es die Bibel zeigt.

2. Der wöchentliche Ruhetag bietet uns die Gelegenheit, die Beziehungen in unserer Familie zu pflegen und soziale Kontakte zu unseren Mitmenschen zu unterhalten. „Gott hat den Sabbat für den Menschen geschaffen", erklärte Jesus (Markus 2,27).

3. Am wöchentlichen Ruhetag können wir die Beziehung zur Schöpfung pflegen. Zeit in der Natur zu verbringen, gibt uns die Gelegenheit, uns geistig,

seelisch und körperlich zu erholen – weit weg von der Geschäftigkeit und dem Lärm des täglichen Lebens. In Gottes Schöpfung finden wir Regeneration und Erholung.

Das Gebot des Ruhetages

Da Gott unsere Neigung kennt, uns zu viel Arbeit aufzuladen, ständig mehr haben zu wollen, unsere Beziehungen zu vernachlässigen und ihn im täglichen Leben aus den Augen zu verlieren, lud er nicht nur die Menschen ein, nach seinem Vorbild den siebten Wochentag als Ruhetag zu halten. Er verankerte ihn sogar in den Zehn Geboten. Das vierte Gebot lautet im vollen Wortlaut:

> Denk an den Sabbat und heilige ihn.
> Sechs Tage in der Woche sollst du
> arbeiten und deinen alltäglichen Pflichten
> nachkommen, der siebte Tag aber ist
> ein Ruhetag für den Herrn, deinen Gott.
> An diesem Tag darf kein Angehöriger deines

Hauses irgendeine Arbeit erledigen.
Das gilt für dich, deine Söhne und Töchter,
deine Sklaven und Sklavinnen, dein Vieh
und für alle Ausländer, die bei dir wohnen.
Denn in sechs Tagen hat der Herr
den Himmel, die Erde, das Meer und alles,
was darin und darauf ist, erschaffen;
aber am siebten Tag hat er geruht.
Deshalb hat der Herr den Sabbat gesegnet
und für heilig erklärt. " (2. Mose 20,8–11 NLB)

Weil Gott wusste, wie wichtig solch ein Ruhetag für alle
Menschen ist, reihte er das Gebot der Arbeitsruhe unter
die Zehn Gebote ein, die er eigenhändig auf zwei Stein-
tafeln schrieb (vgl. 5. Mose 5,22).

Beachten wir einige besondere Aussagen in diesem Gebot.

- Der Ruhetag (hebräisch *schabbat*) gehört Gott, deshalb ist er „heilig" und für seine Zwecke von den anderen
  Tagen abgesondert – unter anderem, damit die Menschen Zeit haben, die Beziehung zu ihm zu pflegen.
- Der Sabbat gilt für alle Familienmitglieder, alle An-
  gestellten und selbst für die Fremden. Sie sollen
  eine Gemeinschaft bilden und Beziehungen unterei-

nander pflegen (speziell die Eltern zu den Kindern). Soziale Unterschiede gelten bei Gott nicht.

- Die Begründung dafür ist nicht die Notwendigkeit der Ruhe und der Erholung (die es natürlich gibt), sondern das Vorbild Gottes in der Schöpfungswoche, in der er selbst mit seiner schöpferischen Tätigkeit der vorangegangenen sechs Tage aufhörte und nichts weiter schuf.

Was wäre geschehen, wenn alle Menschen zu allen Zeiten den Ruhetag Gottes in diesem Sinne eingehalten hätten?

- Sie wären körperlich, geistig und seelisch gesünder und leistungsfähiger.
- Die familiären Beziehungen und auch die zu Nachbarn, Untergebenen und Mitmenschen wären besser.
- Man hätte Gott nicht aus den Augen verloren und sich keine verkehrten Vorstellungen über seinen Charakter gemacht.
- Und bei der Frage nach dem Sinn ihres Lebens hätten die Menschen durch die Begründung dieses Gebotes immer wieder eine befriedigende und erhebende Antwort gefunden: Wir stammen von Gott und sind auf ihn ausgerichtet geschaffen worden – nach seinem Bild. Welch eine Geborgenheit und Gewissheit hätte sich daraus für alle ergeben!

Der Sabbat soll uns Menschen daran erinnern, woher wir und unsere Welt kommen – nämlich aus Gottes Hand. Er soll uns daran erinnern, welch ein großes Interesse Gott weiterhin an uns hat, dass er uns segnen will und sich eine liebe- und vertrauensvolle Beziehung zu uns wünscht.

Gott forderte die Israeliten auch auf, seinen Ruhetag einzuhalten, weil er ein besonderes Bundeszeichen zwischen ihm und seinem Volk ist:

> „Haltet meine Sabbate,
> denn sie sind ein Zeichen des ewigen Bundes
> zwischen mir und euch für alle Zeiten.
> Dadurch sollt ihr erkennen, dass ich, der Herr,
> euch heilige. " (2. Mose 31,13 NLB).

Der Sabbat hat auch die Funktion einer Flagge über einem Botschaftsgebäude: Sie zeigt an, zu welchem Land die Botschaft gehört, wer dort regiert. So zeigt das Halten des Sabbats anderen Menschen, wer der Herr ist, dem wir folgen: Christus.

Als Mose dem Volk Israel am Ende der Wüstenwanderung noch einmal die Wichtigkeit und die Segnungen des Haltens der Gebote Gottes verdeutlichte, gab er eine Begründung für das Gebot des Ruhetages, die aus der jüngeren Erfahrung des Volkes stammte:

> „Denk daran, dass du selbst einmal Sklave
> in Ägypten warst und dass der Herr, dein Gott,
> dich mit großer Macht und gewaltigen Taten
> aus dem Land geführt hat. Deshalb hat dir der Herr,
> dein Gott, befohlen, den Sabbat zu halten. "
> (5. Mose 5,15 NLB)

Die Israeliten sollten die mächtigen Befreiungstaten ihres Herrn nicht vergessen, denn damit wurde ihre Identität als Volk und als Kinder Gottes begründet. Und dies war gleichzeitig die Versicherung, dass der Herr weiter mit ihnen sein würde.

Der göttliche Ruhetag für uns heute

Diese Begründung für den Ruhetag Gottes hat im übertragenen Sinn auch für uns heute Relevanz: Viele Menschen sind sich nicht nur nicht bewusst, dass unser Ursprung in Gott liegt, sondern haben auch vergessen oder noch nie erfahren, was Jesus zu unserer Befreiung von der Macht des Bösen und des Todes längst getan hat.

Der Sabbat will uns also auch daran erinnern, dass Gott in der Person seines Sohnes unser Befreier von der Schuld und der Sklaverei der Sünde ist und dass diese Erlösung längst geschehen ist. Durch das bewusste Ruhen von aller alltäglichen Arbeit erinnert der Sabbat daran, dass wir unsere Erlösung nicht durch eigene Anstrengungen erlangen, sondern allein aus der Gnade Gottes. Sie ist die Grundlage für die Hoffnung auf ein ewiges Leben auf der neuen Erde. Die Erlösungstat von Jesus am Kreuz hat solche Bedeutung für uns, dass wir sie uns jede Woche neu bewusstmachen und feiern sollen – an Gottes Ruhetag und nicht nur (wie viele Christen es tun) zu Ostern.

Für manche Christen ergibt sich hier natürlich die Frage, wieso der Sabbat (der Samstag) und nicht der Sonntag der wöchentliche Ruhetag zur Feier der Erlösung durch die Kreuzigung und Auferstehung sein soll.* Das biblische Prinzip des Gedenktages ist ein anderes als

---

* Erst seit der Kalenderreform von 1975 wird der Montag als erster Tag der Woche gezählt; damit ist der Sonntag der siebte Tag der Woche. In der Bibel und für alle Christen ist der Sonntag der erste Tag der Woche und der siebte Wochentag der Sabbat (siehe z. B. Lukas 23,52 bis 24,7). Dies ist bei uns durch die Bezeichnung „Mittwoch" deutlich: Er liegt nur dann in der Mitte der Woche, wenn der Sonntag der erste und der Samstag der siebte Wochentag ist.

So	Mo	Di	Mi	Do	Fr	Sa
			1	2	3	4
5	6	7	8	9	10	11
12	13	14	15	16	17	18
19	20	21	22	23	24	25
26	27	28	29	30	31	

das weltlicher Gedenk- oder Feiertage. Es ist nicht der
Tag, an dem etwas in der Vergangenheit stattfand (zum
Beispiel die Unabhängigkeit eines Staates), sondern laut
der Bibel ist es stets der Sabbat.

Die Schöpfung fand in sechs Tagen statt, aber der
Sabbat ist der Gedenktag dafür. Auch der Auszug Isra-
els aus Ägypten fand nicht an einem Sabbat statt, aber
der Sabbat war der Gedenktag dafür. Die Erlösung voll-
endete Jesus Christus an einem Freitag, und er stand
am ersten Tag der Woche (einem Sonntag) von den Toten wieder auf (und begann, seine Gemeinde zu schaffen), aber der Gedenktag dafür ist nach dem biblischen
Prinzip der wöchentliche Sabbat, an dem Jesus in einem
Felsengrab ruhte.

Die Verschiebung des christlichen Ruhetages vom biblischen Sabbat auf den kirchlichen Sonntag hat leider
dazu beigetragen, dass der tiefe Sinn dieses Geschen-
kes Gottes weitgehend verloren gegangen ist.* Der wöchentliche Ruhetag wird heute von vielen wie eine belie-
bige Verteilmasse in einem selbst bestimmten Wochen-

rhythmus behandelt. Die Einladung Gottes zur Besinnung und zur Pflege der Gemeinschaft mit ihm verhallt im lärmigen Betrieb des selbstbestimmten Lebens.

Der Sabbat auf der neuen Erde

Der biblische Ruhetag hat noch eine weitere Bedeutung. Durch den Propheten Jesaja hat Gott dem Volk Israel angekündigt:

> „Wie der neue Himmel und die neue Erde,
> die ich schaffe, durch meine Schöpfermacht
> für immer bestehen bleiben, so werdet
> auch ihr als Volk niemals untergehen. Ich,
> der Herr, sage es euch zu. Jeden ... Sabbat
> werden die Bewohner der ganzen Erde zu
> meinem Heiligtum kommen und sich vor mir,
> dem Herrn, niederwerfen. "
>
> (Jesaja 66,22–23)

Auch auf der neuen Erde ist offensichtlich ein besonderer Tag zur speziellen Anbetung und Gemeinschaft mit Gott, dem Vater und dem Sohn, vorgesehen. Der Sabbat wird auch dann die erlösten Kinder Gottes an die erste Schöpfung, an die Erlösung durch Christus und an die Neuschöpfung erinnern, der alle ihr ewiges Leben und die wunderbare Umgebung verdanken, in der sie leben dürfen.

---

* Näheres zum Sabbat und zur Veränderung der Sabbat- in die Sonntagsheiligung in der Kirche siehe das Buch von Clifford Goldstein, *Mach mal Pause: Sabbat!*, Advent-Verlag, Lüneburg (siehe S. 139), oder das von Siegfried Tobler und Christian Alt, *Aber am siebten Tag ... Ein fast vergessenes Geschenk*, Advent-Verlag Zürich.

Wenn dieser Tag in der Vergangenheit so wichtig war und mit vielen negativen Folgen in Vergessenheit geriet, und wenn er in der Zukunft auf der neuen Erde wieder wichtig sein wird, warum sollten nicht auch wir jede Woche den Ruhetag Gottes einhalten? Beachten wir, was Jesus über ihn sagte:

> „ Der Sabbat wurde zum Wohl des Menschen gemacht und nicht der Mensch für den Sabbat. Und deshalb ist der Menschensohn [Jesus] auch Herr über den Sabbat! " (Markus 2,27–28 NLB)

Als der Mitschöpfer hat der Sohn Gottes diesen Tag eingesetzt; als der Führer und Gesetzgeber des Volkes Israel hat er geboten, ihn zu heiligen; als Mensch hat er ihn
gehalten und sabbats „nach seiner Gewohnheit" den Got-
tesdienst in einer Synagoge oder im Tempel in Jerusalem
besucht (Lukas 4,16 LB); durch seine Heilungen am Sabbat hat er dessen wahren Sinn gezeigt; und auf der neu-
en Erde werden wir ihn am Sabbat anbeten. Der Erlöser
wird uns dann sichtbar vor Augen stehen und nicht nur
unsichtbar bei uns sein, wie es heute in christlichen Got-
tesdiensten der Fall ist (siehe Matthäus 18,20).

Fazit

Die Wunder der Schöpfung übersteigen unsere Vorstel-
lungskraft; sie sind unfassbar. Zu ihnen gehört, dass uns
der Schöpfer einen Ruhetag geschenkt hat, der nicht nur
für Ausgewogenheit in unserem Leben zwischen Arbeit
und Entspannung sorgen soll, sondern vor allem der Pflege der Beziehung zu unserem Schöpfer, unserer Familie
und unseren Mitmenschen dient.

Dies ist kein jährlicher Feiertag, sondern ein wöchent-
licher Ruhetag – der biblische Sabbat. Er fördert nicht
nur unsere körperliche, seelische und geistige Erholung,
sondern erinnert uns auch jede Woche an die wunderbare Schöpfung und die unfassbare Erlösung durch Christus. Der Sabbat stärkt unsere Hoffnung auf ein ewiges
Leben, indem er ein kleiner Vorgeschmack auf die Gemeinschaft mit Gott auf der erneuerten Erde ist, die er
bald schaffen wird.

Eine neue Art
zu denken

10 Zu Beginn der Gedankenreise in diesem Buch haben wir zu den Sternen geblickt. Wie viele Sterne Sie nachts auch sehen mögen, so wissen Sie doch, dass es noch viel mehr gibt, obwohl Sie sie nicht sehen können – unfassbar viel mehr!

So ähnlich mag es Ihnen vielleicht auch beim Lesen dieses Buches ergangen sein. Sie mögen sich gefragt haben, was es noch alles gibt, das Sie nicht sehen oder (noch) nicht kennen. Die Tatsache, dass wir die meisten Sterne nicht sehen können, bedeutet nicht, dass es sie nicht gibt. Und auch die Tatsache, dass Sie Gott nicht sehen können, wenn Sie in den Himmel blicken, heißt

nicht, dass er nicht da ist, wenn Sie die Augen schließen und zu ihm beten.

Unsere Welt ist voller erstaunlicher Lebewesen. Ihre Fähigkeiten, zu überleben und sich fortzupflanzen, sind so bemerkenswert, dass es schwerfällt, sich vorzustellen, dass sie irgendwie zufällig entstanden sind. Aber was Menschen können, ist noch eindrucksvoller. Sowohl ihre Kreativität als auch ihre Fähigkeiten, Probleme zu lösen, zu sprechen und verstanden zu werden, und sich frei zu entscheiden, sind einzigartig in dieser Welt. Es sind diese Gaben, die es den Menschen ermöglicht haben, eine Kultur zu entwickeln, Kunstwerke und

Musikstücke zu schaffen, auf den Mond zu fliegen und vieles andere mehr. Vielleicht ist der Gedanke neu für Sie, dass wir diese Gaben von dem bekommen haben, der uns geschaffen hat — aber er wird Ihr Denken verändern. Denn jetzt verstehen Sie, warum wir Menschen da sind und uns auch umeinander kümmern sollen.

Wenn Gott, seine Schöpfung und der Sündenfall der ersten Menschen Teil unseres Weltbildes geworden sind, verstehen wir auch, warum Böses geschieht, warum es Leid, Trauer und Tod in unserer Welt gibt. Wir erkennen, dass die heutigen Lebensbedingungen ganz anders sind, als Gott sie eingerichtet hat. Er hat die Menschen und die meisten Tiere nicht so geschaffen, wie sie jetzt sind.

Auch das Wissen um Gottes Plan, uns von Schuld, Sünde und all deren Folgen wie Gewalttaten, Leid und Tod zu befreien, verändert unser Denken. Zwar geschieht weiterhin viel Schlechtes, aber wir können besser damit umgehen. Wenn jemand aus unserer Familie stirbt, der an Christus geglaubt hat, finden wir Halt in dem Versprechen, dass wir ihn eines Tages in Gottes neuer Welt wiedersehen können.

Diese neue Art zu denken beantwortet die wichtigen Fragen, auf die die Evolutionstheorie keine Antworten hat:

- Woher kommen wir? Gott hat uns geschaffen.
- Wohin gehen wir? Zu guter Letzt werden wir für immer bei Gott sein und ewig leben.
- Was geschieht mit uns, wenn wir sterben? Unser Körper vergeht zwar, aber es wird eine Auferstehung geben.
- Warum gibt es so viel Böses und Leiden in der Welt? Weil wir Menschen uns durch unsere Auflehnung gegen Gottes Willen und unseren Ungehorsam ge-

genüber seinen Geboten von ihm getrennt haben. Aber Christus hat am Kreuz unsere Strafe getragen und unsere Schuld gesühnt, sodass sie uns vergeben werden kann und wir in Harmonie mit Gott kommen können. Und er wird bei seiner Wiederkunft alle Kinder Gottes von Sünde und Leiden befreien und in das neue Jerusalem holen.

Macht es Sie nicht froh, dass Gott einen Plan für diese Welt hat und es Antworten auf diese Fragen gibt? Und freuen Sie sich nicht auch darüber, dass er Sie unfassbar liebt und sich um Sie kümmert?

„Ich nenne euch Freunde"

Eine der erstaunlichsten Aussagen von Jesus steht im Evangelium, das Johannes geschrieben hat. Am letzten Abend vor seiner Verhaftung und seinem Kreuzestod hatte Jesus seine zwölf Jünger zu einem besonderen Mahl eingeladen. Er sprach mit ihnen über die Bedeutung des Abendmahls, seine Beziehung zu ihnen, wie sie sich

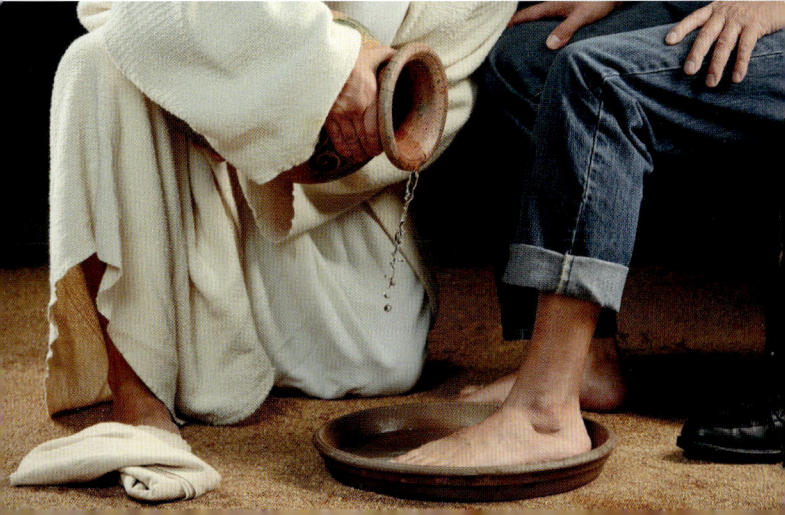

untereinander verhalten sollen und über die Wohnungen, die er für sie im Himmel vorbereiten würde. Unter anderem sagte er zu ihnen:

> „So wie der Vater mich liebt, habe ich euch meine Liebe erwiesen. Bleibt in dieser Liebe! Wenn ihr meine Gebote befolgt, dann bleibt ihr in meiner Liebe, so wie ich die Gebote meines Vaters befolgt habe und in seiner Liebe bleibe. Ich habe euch dies gesagt, damit meine Freude euch erfüllt und an eurer Freude nichts mehr fehlt. " (Johannes 15,9–11)

Und dann wiederholte er, was er an diesem Abend schon einmal gesagt hatte; denn es lag ihm besonders am Herzen:

> „Dies ist mein Gebot: Ihr sollt einander so lieben, wie ich euch geliebt habe. " (Vers 12; vgl. Kap. 13,34)

Beim Nachdenken über die Schöpfung sprachen wir darüber, dass Gott die Menschen mit besonderen Gaben ausgestattet hat – unter anderem mit Kreativität und den Fähigkeiten, miteinander zu kommunizieren und freie Entscheidungen zu treffen. Wir haben gesehen, dass Gott das getan hat, weil er ein Gott der Beziehungen ist und selbst in Beziehungen existiert – Vater, Sohn und Heiliger Geist. Er wollte auch mit den Menschen, die er schuf, Gemeinschaft pflegen können.

Von Jesus erfahren wir hier, welche Art von Beziehung er meint. Er dachte nicht an Knechte, die tun müssen, was ihnen gesagt wird, oder an Roboter, die automatisch auf Knopfdruck gehorchen. Was Jesus meinte, hat er seinen Jüngern an jenem Abend gesagt:

> „ Ihr seid meine Freunde, wenn ihr mein Gebot befolgt.
> Ich nenne euch nicht mehr Diener; denn ein Diener
> weiß nicht, was sein Herr tut. Vielmehr nenne ich
> euch Freunde; denn ich habe euch alles gesagt, was
> ich von meinem Vater gehört habe. "
>
> (Johannes 15,14–15)

Jesus möchte also, dass seine Nachfolger seine Freunde
sind. Er schuf die Menschen, damit sie seine glücklichen,
neugierigen, einfühlsamen, liebevollen Freunde sein können! Er hat nicht klügere Affen erschaffen, die sprechen
können; er schuf vielmehr besondere, im Universum einzigartige Lebewesen – Menschen.

Jenseits unserer Vorstellung

Denken wir noch einmal zurück an unsere Gedankenreise durch das Universum. Können wir uns vorstellen,
dass derselbe Gott, der 175 Milliarden Galaxien schuf,
an einem im Verhältnis kleinen Planeten interessiert ist,
der eine nicht allzu große Sonne umkreist? Wenn es tatsächlich 100 Milliarden Planeten in unserer Galaxie geben sollte, was ist an dem Planeten Erde so besonders?

Es ist unfassbar, dass ein Gott, der in so großen Di-
mensionen denkt, sich überhaupt mit den Menschen be-
schäftigt. Und es ist erstaunlich, dass ein so mächtiger
Schöpfergott schon vor der Erschaffung der Welt einen
Plan hatte, um die Menschen zu retten, falls sie ihm un-
treu werden sollten. Aber noch unfassbarer ist es, dass
Gott selbst in seinem Sohn ein Mensch wurde, um diesen
Plan auch verwirklichen zu können.

Der Sohn Gottes kam jedoch nicht nur auf die Erde, um
das Durcheinander zu beseitigen, das hier herrscht, oder
um Menschen zu helfen, wieder zwischen Gut und Böse

unterscheiden und das Gute wählen zu können. Es ging ihm auch nicht vorrangig darum, mehr Anhänger zu gewinnen. Vielmehr kam der Schöpfer des Universums auf die Erde, um Freunde zu gewinnen und um ihnen den Weg zu einem glücklichen und ewigen Leben zu bahnen.

Jesus will keine Kreaturen, die ihm blind gehorchen, sondern Nachfolger, die verstehen, warum er auf die Erde kam und warum es nur einen Weg zu wahrem Glück gibt: Ihn als Erlöser und Herrn anzunehmen und nach seinen Prinzipien zu leben. Gläubige Menschen, die das tun, sind nicht nur seine Nachfolger, sondern auch seine *Freunde*.

Das wünscht sich Jesus auch heute noch. Er möchte unseren Geist öffnen, damit wir ihn besser kennenlernen, er möchte uns von Schuld und Sünde retten und unser Herz verändern, damit wir zu seinen Nachfolgern und Freunden werden.

Wie steht es nun mit Ihnen? Hat Ihnen unsere Gedankenreise etwas gegeben, worüber Sie weiter nachdenken wollen? Wenn Sie sich angesprochen fühlen, dann beschäftigen Sie sich doch weiter mit diesen Themen – und öffnen sich für Jesus Christus. Kleine Bücher und Studienanleitungen zur Bibel, die Ihnen dabei helfen, Jesus kennen und vertrauen zu lernen, gibt es genug. Sehen Sie sich dazu die folgenden Seiten an. Und suchen Sie auch Kontakt zu Christen, die an die Schöpfung und die Erlösung durch Christus glauben, auf dessen Wiederkunft warten und seinen Ruhetag, den Sabbat, halten.*

Das Universum ist so groß, dass wir es nicht ermessen können. Die Wunder des Lebens sind so phantastisch, dass wir sie nicht zu erklären vermögen. Die Liebe des

* Siehe dazu im Internet unter *www.adventisten.de*,
www.adventisten.at oder *www.adventisten.ch*

Schöpfergottes, mit der er jeden von uns liebt, ist unfassbar groß. Und die Erlösung, die Jesus uns anbietet, ist
wunderbarer, als wir denken. Doch jeder von uns kann
sie erfahren. Jesus lädt auch Sie ein mit den Worten:

„ Kommt alle her zu mir,
die ihr müde seid und schwere Lasten tragt,
ich will euch Ruhe schenken …
Ich will euch lehren,
denn ich bin demütig und freundlich,
und eure Seele wird bei mir zur Ruhe kommen. “
(Matthäus 11,28–29 NLB)

**Ein Dialog
über das Handeln
Gottes und
schwierige Fragen**

Warum lässt Gott all das Leid auf der Welt zu, wenn er liebevoll und allmächtig ist? Konnte und kann er nichts dagegen tun? Kann man ihm vertrauen oder muss man Angst vor ihm haben? Wie vereinbart sich mit Gottes Gerechtigkeit, dass es guten Menschen schlecht und bösen Menschen gut geht? Was geschieht nach dem Tod? Droht uns die Hölle? Gibt es ein ewiges Leben?

Für Gerhard Padderatz sind das entscheide Fragen, weil die Antworten einen grundlegenden Einfluss auf unser Lebensgefühl und unseren inneren Frieden haben. Er erörtert diese Themen in einem Gespräch, das sich während eines Nachtfluges über den Atlantik entspann.

Gerhard Padderatz:
Allmächtig? Ohnmächtig? Gerecht?
Ein Dialog über Gott und sein Handeln
Taschenbuch, 164 Seiten, Art-Nr. 1885

Bezugsquellen für alle Bücher siehe S. 141

Die Geschichte, die die Welt verändert(e)

Ellen White schildert in diesem kleinen Buch mit beispielloser Einsicht die Auseinandersetzung zwischen Gott und Satan an entscheidenden Punkten des kosmischen Konflikts. Sie stellt dar, wie der Sohn Gottes, Jesus Christus, durch sein Leben und seinen Tod am Kreuz Satan als Lügner und Mörder entlarvte und ihn damit überwand. Und sie schildert, wie Gott Satan und alles Böse einmal endgültig vernichten und für die erlösten Menschen eine neue Erde schaffen wird.

Diese Geschichte, die die Welt verändert(e), kann auch Ihr Leben verändern; denn sie zeigt, was hinter den Kulissen der Weltgeschichte geschah und was bald geschehen wird.

Ellen G. White:
Die Geschichte, die die Welt verändert(e)
Taschenbuch, 96 Seiten, Art.-Nr. 7714

**Sieben Gründe,
warum mit Gott
zu leben
besser ist**

Fragen auch Sie sich: Warum brauchen wir Gott überhaupt? Warum sollten wir unser Leben durch Religion komplizierter machen? Ist der Glaube an Gott nicht eher etwas für alte, arme oder kranke Menschen?

In diesem Buch zeigt Nathan Brown die Vorteile des christlichen Glaubens an Gott. Er ist davon überzeugt, dass Gott für jeden Menschen bedeutsam ist und das Leben mit ihm besser ist als ohne ihn. Dafür nennt er sieben Gründe und beleuchtet sie in kurzen Essays aus verschiedenen Perspektiven.

Finden Sie heraus, welche Gründe für Sie relevant sind! Ein Buch, das kurzweilig zu lesen ist und zum Nachdenken anregt.

Nathan Brown:
7 Gründe für ein Leben mit Gott
Taschenbuch, 168 Seiten, Art.-Nr. 1925

**Gottes Wirken
kann man auch
heute erleben!**

Dieses ist ein Buch voller Geschichten, die das Leben
(besser: Gott) schrieb. Acht Menschen, die sich in Al-
ter, Herkunft, Ansichten, Lebensumständen und weltan-
schaulichen Hintergründen unterscheiden, erzählen, wie
sie zum Glauben gefunden haben und Jesus Christus be-
gegnet sind. Sie haben in ihrem Leben deutlich den Un-
terschied erfahren, den er bewirkt.Ihre Erfahrungen mit
Gott und ihr Glaube haben sie und ihr Leben (zum Teil
völlig) verändert.

Mit ihren Berichten möchten die Autoren die Leser er-
mutigen, auf Gott zu vertrauen und Jesus Christus die
Chance zu geben, auch ihnen neue Lebensperspektiven
zu vermitteln.

Glaube, der mein *Leben verändert* hat
Acht Menschen finden, wofür es sich zu leben lohnt
Taschenbuch, 96 Seiten, Art.-Nr. 7706

**Neu starten,
befreit leben,
sicher ankommen!**

- Identität: Welchen Sinn hat mein Leben? Wie finde ich zu einem gesunden Selbstwertgefühl?
- Kommunikation: Wie können Beziehungen – zu anderen Menschen und zu Gott – gelingen und heil werden?
- Lebensqualität: Wie kann ich ein neues Leben ohne Altlasten beginnen? Wo finde ich Orientierung, ohne mich abhängig zu machen?
- Zukunft: Wie geht es nach dem Tod weiter?
- Hat die Sehnsucht nach dem Paradies eine Chance, in Erfüllung zu gehen?

Anschaulich und lebensnah behandelt Elí Diez-Prida diese und andere existenziellen Fragen aus einer christlichen Perspektive. Dieses Buch macht Mut, einen neuen Anfang im Leben zu wagen.

Elí Diez-Prida:
Leben 2.0
Neu starten, befreit leben, sicher ankommen
Taschenbuch, 140 Seiten, Art.-Nr. 7715

**Keine Zeit?
Ein Lösungs-
vorschlag!**

Laut Statistik hat der durchschnittliche amerikanische Vater gerade mal 37 Sekunden Zeit für sein Kind. Solche Hungerrationen produzieren zwangsläufig verkrüppelte Persönlichkeiten und schaffen unübersehbare Probleme. Auch bei uns heißt es millionenfach: Keine Zeit! Und das bleibt nicht ohne Auswirkungen auf unser Leben in Familie und Gesellschaft.

Der Autor (amerikanischer Jude) hat eine Lösung seines Zeitproblems gefunden, indem er sich auf eine biblische Einrichtung besann: den Sabbat. Was er über diesen weithin vergessenen Tag schreibt, kann auch jedem anderen helfen, die Zeit – und manches andere – in den Griff zu bekommen.

Clifford Goldstein:
Mach mal Pause: Sabbat!
Taschenbuch, 144 Seiten, Art.-Nr. 1271

DIE **SCHÖPFUNG** – DIE ERDE IST ZEUGE

Das beste Material des Fotografen und Filmers Henry Stober, das auf fünf Kontinenten entstand, wurde in fünfjähriger Arbeit in ein Werk gefasst, das unter die Haut geht:

DVD | 2:1-Format | € 3,50 | CHF 5,–
Sprachen: DEUTSCH, ENGLISCH

»Die Schöpfung« – 27 Minuten Film in Panorama-Digital-projektion. Das erste Buch der Bibel – eine genaue Beschreibung der Schöpfungswoche – dient als Grundlage zum Film. Erfahren Sie die atemberaubende Vielfalt des Lebens im Wasser, in der Luft und zu Lande in all ihren wundervollen Facetten!

Diese Fassung ist mit orchestrierter Filmmusik von Dominik Buchner; eingespielt von der Prager Philharmonie.

Bezugsquellen im deutschsprachigen Raum:

Top Life Wegweiser-Verlag (Österreich)
Prager Straße 287 • A-1210 Wien
Telefon: +43 1 229 4000
Fax: +43 1 229 4000 599
E-Mail: mailbox@toplife-center.com
Internet: www.toplife-center.com

Advent-Verlag (Schweiz)
Leissigenstrasse 17 • CH-3704 Krattigen
Telefon: +41 33 654 10 65
Fax: +41 33 654 44 31
E-Mail: info@advent-verlag.ch
Internet: www.advent-verlag.ch

Advent-Verlag (Deutschland)
Pulverweg 6 • D-21337 Lüneburg
Telefon: +49 4131 9835 02
Fax: +49 4131 9835 500
E-Mail: info@advent-verlag.de
Internet: www.advent-verlag.de
Online-Shop: www.adventist-media.de

www.dieSchoepfung.eu

HOPE Channel –
am Leben interessiert

Der christliche Radio- und TV-Sender

Mit einem breiten Programmangebot vermittelt der HOPE Channel seinen Zuschauern und Hörern Hoffnung und Lebenssinn. Ziel ist, mit relevanten Themen Lebenshilfe zu leisten und auf verständliche und zeitgemäße Weise zur persönlichen Beschäftigung mit Gott und der Bibel anzuregen.
HOPE Channel Radio und TV empfangen Sie per Satellit oder über Internet: **www.hope-channel.de**
Viele Sendungen können jederzeit in der Mediathek abgerufen werden: **www.hope-channel.de/mediathek**

Bestellen Sie das kostenlose Programmheft bei unserem Zuschauerservice unter der Nummer **01803–46 33 68 64.**
(zzt. 0,09 €/min aus dem Festnetz der T-Com, Mobilfunkhöchstpreis: 0,42 €/min)

www.hope-channel.de